SECCIÓN DE OBRAS DE HISTORIA

LA CIENCIA Y LA IDEA DE PROGRESO
EN AMÉRICA LATINA, 1860-1930

GREGORIO WEINBERG

LA CIENCIA Y LA IDEA DE PROGRESO EN AMÉRICA LATINA, 1860-1930

FONDO DE CULTURA ECONÓMICA
MÉXICO - ARGENTINA - BRASIL - COLOMBIA - CHILE - ESPAÑA
ESTADOS UNIDOS - PERÚ - VENEZUELA

Primera edición (UNAM-Porrúa), 1996
Segunda edición revisada, corregida y actualizada (FCE), 1998

En tapa: Portada del periódico *La Vanguardia*,
año VIII, núm. 17, aparecida el 1° de mayo de 1901.

Este texto fue anteriormente publicado como parte de la compilación de
Juan José Saldaña, *Historia social de las ciencias en América Latina*,
México, Coordinación de Humanidades-Coordinación de la Investi-
gación Científica (UNAM)-Miguel Ángel Porrúa, 1996.

ISBN: 950-557-256-5

IMPRESO EN ARGENTINA
Hecho el depósito que previene la ley 11.723

a
Agustina
siempre

Mal respetados del tiempo,
y siempre ofendidos del olvido...
*Aprovación de Lope de Vega Carpio,
del Abito de S. Ivan al Epítome de la Biblioteca
Oriental i Occidental, Nautica y Geografica.*

...Creyeron muchas gentes que para ser hombres de ciencia
entre nosotros bastaba conocer las producciones
y los trabajos de los hombres de ciencia extranjeros...
LEONARDO TORRES QUEVEDO, *Discurso de recepción
en la Real Academia Española*, 31 de octubre de 1942.

La ciencia no tiene patria,
pero el hombre de ciencia la tiene.
BERNARDO HOUSSAY, *Carta a un joven
investigador que emigra*, 1943.

PRESENTACIÓN

Durante las últimas décadas aumentó notablemente el interés por la función de la ciencia y la de la técnica en las transformaciones de la sociedad y, con rasgos específicos, en la latinoamericana. Esto explica, por lo menos en parte, la multiplicación de estudios sobre el tema, aunque casi siempre con particular énfasis sobre sus aspectos económicos. Se discuten sus implicaciones, se examinan sus consecuencias, se evalúan los medios y los recursos necesarios para estimular dichas actividades entre nosotros; se advierten, desde luego, rezagos y obstáculos; pero además, una constante en apariencia insalvable: la asincronía entre el ritmo de las actividades y los resultados alcanzados en los países llamados "altamente desarrollados" y los restantes. Estos problemas constituyen un preocupante desafío y reclaman explicaciones, y éstas no pueden dejar de ser complejas. Hoy, además de los señalados aspectos económicos, interesan otros factores condicionantes; así los políticos, sociales, jurídicos, éticos, culturales, etc., que pasan a desempeñar un cometido preponderante en toda reflexión seria al respecto. Pero convengamos asimismo que en muy pocos estudios aparecen referencias históricas a ese complejo proceso, y cuando las hay, casi nunca se refieren a más de un país o momento determinados, o son poco menos que adjetivas o incidentales. Escasas veces se invoca una herencia de conocimientos, problemas, actitudes o intereses, ni se advierte el propósito de recuperar una tradición.

Un simple rastreo historiográfico confirmaría nuestro aserto. Y esto que decimos con referencia a las historias generales es más imperdonable aún en las llamadas historias de la cultura. Ahora bien, para evitar posteriores aclaraciones acerca de qué entendemos por ciencia y qué por cultura, digamos, de partida, que, para nosotros —y sin incurrir en el pecado de tecnolatría—, tanto la ciencia como la técnica son elementos integrantes de la cultura, y que ésta, a su vez, mal puede entenderse fuera de una sociedad y de un tiempo circunscritos.

Al presente, por fortuna asistimos a una reacción al respecto; un grupo de estudiosos ha advertido la seriedad de esa omisión y, en algunos casos, ha encarado la tarea de historiar el desarrollo del quehacer científico en sus respectivos países; así, entre los adelantados, podríamos mencionar a José Babini, *Historia de la ciencia argentina,* México, FCE, 1949;[1] o a Eli de Gortari, *La ciencia en la historia de México*, México, FCE, 1963; etc. Ellos abrieron horizontes que pronto convocaron el interés de calificados investigadores en sus respectivos países y en los restantes de América Latina. De paso contribuyeron a llamar la atención sobre abundantes aportes relegados en revistas de escasa circulación o simplemente desconocidos o desatendidos; así se redescubrieron fuentes valiosas, cuando no intuiciones asombrosas o desconcertantes. Simultáneamente numerosas monografías fueron cubriendo algunos de los vacíos advertidos; asimismo se entablaron interesantes polémicas sobre ciertos temas o criterios de interpretación, pero lo que quizá más

---

[1] Con sucesivas reelaboraciones: *Historia de la ciencia en la Argentina*, Buenos Aires, Ediciones La Fragua, 1954; *La ciencia en la Argentina*, Buenos Aires, Editorial Universitaria de Buenos Aires (EUDEBA), 1962; e *Historia de la ciencia en la Argentina*, Buenos Aires, Ediciones Solar, 1986.

nos importa en definitiva: favorecieron el enriquecimiento de la imagen de la historia de la ciencia y de la técnica entre nosotros, con lo cual lograron asignarle una personalidad definida.

Porque no se trata, como bien lo señala el doctor Juan José Saldaña, sólo de recoger en esta disciplina organizadamente nombres, fechas, experiencias o contribuciones, sino que "concierne a la propia cultura e identidad de los países de la región". Más aún, importa al conocimiento de los caracteres que reviste, las condiciones sociales en que se desenvuelve, el significado de las aportaciones propias o ajenas, su institucionalización, el prestigio que goza el quehacer científico y el ascendiente de los investigadores.

Parafraseando a Jorge Luis Borges, quien sostenía que todo gran escritor genera sus propios precursores y antecedentes, digamos que otro tanto ocurre con el tema que aquí nos interesa, y cuyo ámbito ha crecido apreciablemente. Quizá baste para corroborar nuestra observación una referencia correspondiente a un periodo que se entrecruza con el que abarca este trabajo. Domingo Faustino Sarmiento —de quien hablamos más adelante— manifestó no sólo un interés infrecuente entre los hombres de su generación por la ciencia y por la técnica, sino que fue mucho más allá,[2] pues llegó a formular, y en parte llevó a cabo, una verdadera política científica, entre cuyas realizaciones más recordadas mencionaremos el Observatorio Astronómico de Córdoba o su preocupación por las telecomunicaciones.[3] Además, se interesó por contribuir a consolidar una tradi-

[2] Marcelo Montserrat, "Sarmiento y los fundamentos de su política científica", en: *Sur*, núm. 341, julio-diciembre de 1977. Véase también: Telasco García Castellanos, *Sarmiento. Su influencia en Córdoba*, Academia Nacional de Ciencias, 1988, cuyo contenido excede con creces el ámbito sugerido por su título.

[3] Horacio C. Reggini, *Sarmiento y las telecomunicaciones*, Buenos Aires, Ediciones Galápago, 1996.

ción científica nacional; lo demuestra su edición de los escritos del gran naturalista Francisco Javier Muñiz que rescató acompañando la obra con un extenso artículo preliminar.[4]

A fortalecer el interés por estos estudios contribuyeron también, como es lógico, las reuniones y congresos nacionales y regionales, como así el papel aglutinante que en todo este proceso cupo a la Sociedad Latinoamericana de Historia de las Ciencias y la Tecnología y, sobre todo, a su revista *Quipu*, y a su inspirador J. J. Saldaña, convertido no sólo en uno de los más respetados historiadores de nuestra ciencia, sino también en un promotor fervoroso y eficaz de estos estudios.

Este clima propicio,[5] entre otros elementos, indujo indudablemente al mencionado investigador a plantearse la necesidad de organizar y dirigir una *Historia social de las ciencias en América Latina*, labor colectiva en la cual colaboraron una decena de especialistas de diversos países, encargados de estudiar las distintas etapas de la milenaria historia, desde la ciencia y la técnica autóctonas precolombinas hasta el momento presente, con eficaz señalamiento de las perspectivas que hoy se avizoran en el continente.

Si bien nos alcanzan las "generales de la ley" por haber colaborado en esta noble empresa, corresponde reconocer el valioso resultado conjunto del esfuerzo, el que, además, abre dilatados y renovados horizontes para proseguir estos

---

[4] Domingo F. Sarmiento, *Vida y escritos del coronel D. Francisco Javier Muñiz*, Buenos Aires, Félix Lajouane Editor, 1885.

[5] Lo prueba, por ejemplo, la publicación de una obra de la envergadura de *Historia de la ciencia en México. Estudios y textos*, México, CONACYT/Fondo de Cultura Económica (FCE), 1983-1989, en cinco grandes volúmenes copiosamente ilustrados, y de la cual hay una versión abreviada, de 1994. También son apreciables las aportaciones españolas, sobre todo las publicadas en torno al V Centenario, en particular la exhumación o reediciones de fuentes que enriquecieron la bibliografía existente o accesible.

trabajos hoy fortalecidos, indudablemente, con el aporte de esta obra, un hito en la materia.

El presente ensayo "La ciencia y la idea de progreso en América Latina, 1860-1930" –revisado, corregido y actualizado– integra bajo el mismo título la mencionada *Historia social de las ciencias en América Latina* que, bajo la coordinación y con colaboraciones personales de Juan José Saldaña, publicó en México, en 1996, la Coordinación de Humanidades-Coordinación de la Investigación Científica de la Universidad Nacional Autónoma de México (UNAM). Quede constancia de nuestro reconocimiento al responsable de la publicación y al organismo editor por haber autorizado su reedición en la Argentina.

GREGORIO WEINBERG

Buenos Aires, junio de 1998
Centro de Estudios Avanzados
Universidad de Buenos Aires

I

Desconocemos que a la fecha se haya escrito alguna historia de la ciencia o de la técnica latinoamericana, y el hecho en modo alguno puede ser juzgado fortuito. Expresa, ante todo, la escasa comprensión que los estudiosos siguen atribuyendo a su importancia e interés; y, por otro lado, a la exigüidad o carencia de materiales suficientes con los cuales encarar en estos momentos dicha tarea. Aclaremos este último aserto. No todos nuestros países disponen de trabajos orgánicos, panorámicos y actualizados al respecto; si dejamos de lado algunos satisfactorios, que los hay por fortuna, en su mayoría los publicados adolecen de serias limitaciones: tratan el tema por disciplinas separadas, de modo que las actividades y producciones de ámbito interdisciplinario pierden entidad o se atomizan, cuando no restan horizontes y trascendencia a los aportes considerados; desfavorecen el entendimiento del asunto si memoramos que, en tiempos pretéritos, otros eran los campos abarcados por las disciplinas y también el grado de especialización era harto diferente; además, algunos suelen recaer con demasiada frecuencia (en especial los referidos a la historia de la medicina) en la crónica hagiográfica; se insiste, en fin, innecesariamente acerca de polémicas sobre precedencias o fechas, etcétera. Pero, lo que quizá sea más serio aún, se sitúan en una suerte de vacío histórico-social, donde las referencias son apenas las cronológicas y convencionales, a lo cual habría que añadir que, por su parte, la historia de la ciencia latinoamericana en algunas de sus manifestaciones (y dejamos de lado, por supuesto, las obras mayores de la disciplina que responden a las exigencias metodológicas) tropieza con serias dificultades para articular la periodización adoptada con la de las historias sin más, pues muchas veces las exposiciones están hechas por disciplinas, por instituciones o por universidades (cuando no por décadas en algún caso). De este modo no desempeña el papel que debería jugar como así tampoco apoya su comprensión. Y nada digamos de quienes pueden seguir confundiendo la historia de la ciencia con la crónica de los conocimientos, más o menos actualizados, difundidos desde las cátedras, hasta con la biografía.

Se advierte, asimismo, la falta de estudios globales sobre las relaciones entre ciencia y universidad; entre ciencia y estructura productiva o de servicios; hay un déficit en punto a investigaciones acerca del papel de las cosmovisiones, de los estilos o modelos de desarrollo casi siempre implícitos; de los valores y pautas de prestigio; escasean los relevamientos y exámenes de las abundantes, y en su gran mayoría efímeras, publicaciones especializadas; útil sería disponer de análisis de contenidos de los trabajos presentados a reuniones, congresos nacionales o latinoamericanos, significado de la presencia de nuestros países en las exposiciones internacionales, etcétera. Constituyen éstos algunos de los vacíos más evidentes que dificultan por ahora encarar la empresa de escribir, como indicamos desde el comienzo, una aprovechable y formativa historia de la ciencia latinoamericana. Cierto es también que, por fortuna, durante los últimos años se advierte una reacción favorable en la materia, pues además de congresos productivos y de libros perdurables, disponemos de trabajos aparecidos en *Quipu, Revista Latinoamericana de Historia de las Cien-*

cias y *la Tecnología* y, en menor escala, en otras publicaciones tan meritorias en muchos respectos como *Interciencia*, contribuciones auspiciosas todas ellas que ayudan a suplir paulatinamente algunos de los huecos señalados. Pero de todos modos no parecen aún dadas las mejores condiciones para encarar con éxito efectivo esa magna tarea. Dadas estas circunstancias creemos poco menos que innecesario advertir que no debe buscarse en nuestro trabajo un panorama histórico, en un sentido estricto, de la ciencia del breve pero intenso periodo abordado. Nuestro propósito ha sido otro: destacar junto a las especificidades de la materia sus vinculaciones con el contexto. En modo alguno nos planteamos una contribución erudita; preferimos caracterizar y evaluar las aportaciones en función de ciertos parámetros; más que enumeraciones preferimos reconstruir situaciones e indagar acerca de su sentido.

Si nos desplazamos hacia otros terrenos y recorremos al azar una decena de historias de América Latina más o menos recientes, es altamente probable que casi en ninguna de ellas se preste atención al desarrollo de nuestra ciencia y de nuestra técnica; omisión quizá perdonable en las más antiguas, pero que no lo es en las publicadas durante la última década. En algunas su reduccionismo jurídico-institucional las lleva a enumerar minuciosamente la sanción de constituciones y leyes las más de las veces incumplidas; en otras su reduccionismo económico las conduce a exponer series de precios –y sus variaciones mensuales o semanales– de ciertos productos en México o Buenos Aires comparados con los de los mercados de Londres o París; en fin, otros no dejarán de complacerse con biografías o batallas. Pero en casi ninguna, insistimos, se encontrarán mencionadas la ciencia ni la técnica; como por lo demás escaso será también el espacio concedido a la educación y a la cultura. ¿Acaso la institucionalización del quehacer científico, la explosión de la matrícula educativa son menos significativos que gran parte de los módicos golpes de Estado reaccionarios que van pautando la historia continental? Ni aun quienes pecan de economicistas parecen advertir que los problemas suscitados durante estos últimos años por la denominada "propiedad intelectual" o por las "patentes" pueden adquirir una magnitud comparable a la de los intereses de la deuda pública o privada, externa o interna. Y si esto último se vincula, como es evidente, con el desarrollo industrial, detrás del mismo debe rastrearse el nivel alcanzado por la ciencia y la técnica autóctonas y su capacidad de responder a los requerimientos actuales de nuestras sociedades.

Esta desatención a los aportes latinoamericanos en la materia lleva a concluir muchas veces, y siempre indebidamente, que es poco o nada lo aquí realizado; y como segundo paso de esta inferencia, se aduce que todo ha sido casi siempre introducido desde el exterior. Las conclusiones que suelen extraerse de este planteamiento pueden llegar a ser peligrosas y generar una suerte de fatalismo, actitud inmerecidamente desalentadora. Hay otro tipo de razonamiento —por momentos expuesto con sutileza— que en forma elemental podríamos enunciar de este modo: en los grandes centros se *hace* ciencia, qué otra tarea más lógica y ahorradora de esfuerzos corresponde a los países en vías de desarrollo que *aplicarla*; y no se vea aquí una actitud que postule complementariedad alguna sino subordinación y dependencia. Desnudado y reducido a estos términos dicho argumento, se advierte en seguida su falacia y esto torna casi innecesario refutarlo, como tampoco requiere discutir el espontaneísmo ingenuo o malicioso por tantos otros postulado.

Mas también parece justo reconocer en las mejores historias nacionales de los últimos años una mayor atención o sensibilidad respecto a las cuestiones señaladas, y esto no siempre como resultado de un replanteo doctrinario del quehacer histórico, pues más tiene que ver con la paulatina incorporación de pautas de prestigio aún no suficientemente elaboradas. ¿Cómo escribir la historia del Brasil sin citar a Oswaldo Cruz, de la Argentina sin mencionar a Ameghino, de Perú sin evocar a Unanue o Carrión? Pero esto solo no indica que se haya repensado la sustancia de la disciplina; el reto sigue pendiente. La integración de los contenidos de la nueva historia sigue constituyendo un desafío intelectual ineludible en las actuales condiciones; apunta, entre otros objetivos, a enriquecer su imagen y su espíritu; es decir, persigue intenciones que, de alguna manera, trascienden las de una historia social de la ciencia.

Innecesario parece traer a colación aquí criterios que gozan, desde décadas atrás, de consenso: una cultura científica, se ha dicho, no sólo se caracteriza por su aptitud de observar, describir, relacionar, prever, etcétera, la que suele propagarse a su contexto, por refinados que sean sus métodos y sus recursos, sino también por su capacidad de hallar respuestas, esto es, asumir y responder los desafíos planteados por "situaciones críticas"; de donde cabe deducir que desempeña una función integradora cuando no constituye, simultáneamente, un fermento.

En un importante trabajo,[1] Juan José Saldaña observa que las denominadas ciencias duras o básicas jugaron un papel importante en el ámbito educativo —nosotros ampliaríamos el concepto señalando que, además, y a través de la educación, influyó sobre la cosmovisión admitida favoreciendo los esfuerzos por actualizarla—, pero casi siempre estuvieron escasamente vinculadas a las estructuras productivas y a los problemas sociales de cada momento histórico.

[1] Juan José Saldaña, "La ideología de la ciencia en México en el siglo XIX", en: *La ciencia moderna y el Nuevo Mundo*, Madrid, CSIC/SLHCT, 1985, pp. 297-326.

Al señalar dicho autor este nuevo ángulo de enfoque, en rigor plantea al mismo tiempo su problemática toda. Si perduraban otrora el tradicionalismo y la rutina en los métodos de producción y en las relaciones sociales, faltaron estímulos para encarar innovaciones; pero también se verifica en el ámbito latinoamericano la inexistencia de grupos sociales interesados en incorporarlas. En cambio, el capital extranjero pudo "introducir innovaciones técnicas en la producción, si bien esa tecnología de importación muy poco ha contribuido al desarrollo endógeno y reforzaba por el contrario la dependencia técnica del extranjero". Todo esto permite advertir cuán distinto fue el papel de la ciencia en Inglaterra, Francia, Alemania o Estados Unidos, donde, en gran parte, se vinculaba a la catarata de innovaciones provocadas por la Revolución Industrial, cuyos efectos sobre la estructura productiva y la generación de nuevos conocimientos son suficientemente conocidos: dinamizaron tanto la producción como el consumo, generaron capitales, además de plantearse novísimos desafíos a la ciencia, cuyas respuestas a su vez constituían retos renovados a las viejas disciplinas, como también favorecían su multiplicación (la termodinámica constituye en este sentido un ejemplo superlativo). Aumenta nuestra desventaja con respecto a aquellos países la circunstancia de que dicho proceso coincide aquí con la declinación del papel de las universidades que, como veremos luego, en algunas partes llegaron a ser suprimidas y en otras estaban en franca decadencia; simultáneamente repárese en que la menguada incorporación de ciencia y de técnica no se realiza por lo general a través de los claustros, sino por fuera de ellos; es éste un fenómeno no analizado todavía entre nosotros con el cuidado que requiere por su trascendencia y, aunque parezca extraño a primera vista, conserva actualidad. Lo manifestado explica, a su vez, que la preocupación por la ciencia y sus aplicaciones es poco habitual en las políticas explícitas o en la legislación de época, de modo que las actividades de aquéllas no se desenvolvieron dentro de un contexto favorable. Esto en modo alguno significa que no haya habido propuestas imaginativas —y por momentos audaces—, como así tampoco que no se haya hecho ciencia en América Latina, temas éstos precisamente que serán abordados aquí. Lo que se quiere expresar es que los resultados obtenidos no fueron los previstos, por lo menos tal cual los intuyeron estadistas e investigadores preocupados por dar a ese quehacer un carácter sustantivo, y no adjetivo como insinúa este juicio expuesto por M. Block, quien, desde París, sostuvo en 1884: "Durante mucho tiempo todavía el progreso podrá consistir únicamente en la vulgarización del saber que hasta ahora parece ser el dominio de las clases cultas", es decir, también en el Viejo Mundo hubo quienes manifestaban sus dudas acerca de la posibilidad de universalizar, efectivamente, la ciencia.

II

Numerosos fueron los hombres que desde nuestro continente testimoniaron su confianza en la ciencia, en sus aplicaciones y en su proyección sobre la sociedad. Mencionaremos dos de ellos, escasamente conocidos y separados entre sí por medio siglo. El primero, si bien anterior al periodo que nosotros abordamos aquí, nos parece sugestivo en varios respectos: refleja una propuesta temprana de reforma del espíritu de la enseñanza superior no limitada a la crítica tradicional; confía en la Universidad como institución que, en aquel momento y lugar, se propone orientar la política científica vinculándola a la educación, por llamar con terminología contemporánea una actitud voluntarista cuyos propósitos son evidentes y sobre los cuales en seguida volveremos.

En su "Discurso inaugural de la clase de matemáticas...", pronunciado por el catedrático Roman Chauvet en Buenos Aires el 6 de marzo de 1822, luego de explicar los fundamentos teóricos de su disciplina, de discutir la paternidad del cálculo infinitesimal, su exposición levanta vuelo hasta convertirse casi en un himno a la Revolución Industrial, cuyas ventajas y beneficios pronosticables recomienda:

[...] Y si no somos todavía capaces de hacer progresar las ciencias, aprovechémonos de los desvelos de los europeos, enriquezcámonos con los esfuerzos que hace su genio para elevar la ciencia al apogeo, y para derramar toda suerte de goces nuevos sobre todas las clases de la sociedad; apliquemos sus descubrimientos a esta interesante parte de la América, saquemos los tesoros que el suelo nos ofrece tan generosamente aquí; trabajemos, en fin, en el progreso de la industria y América mudará de semblante.

Las máquinas hidráulicas distribuirán en todas partes del suelo agua saludable que vivificará las producciones; las fábricas, los caminos, los canales, las máquinas de vapor, todo insensiblemente se instituirá; las relaciones comerciales con las provincias las ligarán las unas a las otras, de una manera tanto más íntima cuanto serán más frecuentes; el laboreo de las minas, la agricultura, el comercio, la industria, la enriquecerá [...][2]

El otro juicio corresponde a Vicente Marcano, integrante de "la primera generación positivista de Venezuela", quien en "La química ante la civilización moderna" expresa:

Sin adelantos en la química, no puede haber en ningún país un sólido progreso material o intelectual, pues ambos se basan en las industrias que la reconocen por punto de partida; y las conquistas políticas serán efímeras, siempre que no se hallen apoyadas en el bienestar de todos, lo cual se logra únicamente con el desarrollo gradual y razonado de la riqueza natural, de cuya trabazón es único árbitro la ciencia, que ha hecho servir a las necesidades del lujo, el caucho recogido por indios miserables en las soledades del Amazonas; que ha vuelto a su antiguo vigor terrenos agotados por la exuberancia de población, con

---

[2] En Juan María Gutiérrez, *Noticias históricas sobre el origen y desarrollo de la enseñanza pública superior en Buenos Aires, desde la época de la extinción de la Compañía de Jesús en el año de 1767 hasta poco después de fundada la Universidad en 1821, con notas, biografías, datos estadísticos y documentos curiosos, inéditos o poco conocidos*, Buenos Aires, Imprenta El Siglo, 1868. (Reeditado en 1877, 1915 y 1998 por Editorial de la Universidad Nacional de Quilmes.)

despojos de aves marinas que de tiempo inmemorial aba-
tían su vuelo sobre los peñascos aislados del litoral del
Perú; que ha hecho servir de árbitro de las potencias europeas, las capas de nitrato de sodio que cubren las vastas pampas de Lacatuga; y se ha convertido en riqueza
universal, el cúmulo de metales que guarda la grande fa-
lla mineralógica de los Andes.

El porvenir de la química entre las ciencias es el de la
democracia entre las sociedades, ambas tienen un objeto
semejante e idéntica aspiración: la perfección de la inteligencia y la felicidad del hombre.[3]

Que la preocupación por las ciencias excede su interés por
la química evidenciado aquí lo prueban muchos otros artículos suyos, entre los cuales recordaremos sólo "La industria minera regenerando las sociedades".

El proceso de diferenciación de las ciencias, y, por consiguiente, el de la especialización, es harto reciente. De este
modo debe tomarse la precaución metodológica que evite
atribuir los actuales límites o perfiles de las disciplinas a los
del pasado; los ejemplos son evidentes. La física estuvo en-
treverada con la filosofía y aun con la teología en América
Latina por lo menos hasta el siglo XVIII, y sólo tardíamente
se independiza: en algún momento quiere abrirse paso la
física experimental a través de la denominada "física re-
creativa", calificación ésta que anticipa la inmadurez del
intento. Otro tanto ocurre con las ciencias naturales, que
abarcan materias diferentes según las épocas; asimismo con
la química, en rigor disciplina cuantitativa y experimental,

---

[3] Vicente Marcano, "La química ante la civilización moderna", capítulo del
libro *Páginas sueltas*, París, 1878. Nuestra cita ha sido tomada de *La doctrina positivista*, Caracas, Ediciones conmemorativas del Sesquicentenario de la Independencia, 1961, t. I, p. 149. (El artículo original aparece datado en Nueva
York, 1875.)

esto es, moderna, sólo a partir de Lavoisier. En otro sentido esta falta de especialización se advierte también en el hecho de que algunos científicos hayan sido simultáneamente, por la fuerza de las circunstancias, hombres entregados a la vida política (ejemplos ilustres los tenemos en Hipólito Unanue, José María Vargas, Francisco José Caldas, Melchor Ocampo, Ignacio Ramírez y tantos otros), pero si esto corrobora la mencionada carencia de especialización, como llevamos dicho, también indica, por otra parte, la sensibilidad social de los científicos, en quienes por momentos, y en situaciones críticas, predomina el ciudadano por encima del profesional y aun de las vocaciones; de todos modos fueron protagonistas de excepción de nuestra historia latinoamericana. Por estos motivos, y otros varios podrían incorporarse al razonamiento, hemos destacado en otra oportunidad la importancia de rescatar esa rica tradición que posee, si falta hiciere para demostrar su alcance, su propia galería de héroes y mártires. Pero más trascendente aún: si todas las ciencias y sus aplicaciones prácticas, mediatas o inmediatas, están llamadas a desempeñar un papel cada vez más notable en los procesos de desarrollo, la toma de conciencia del valor y sentido creador de esa tradición histórica en nuestro continente agregaría un elemento francamente iluminador y fecundo para la formación de la conciencia nacional y latinoamericana. Sin internarnos —y fuera de lugar estaría acometerlo siquiera en esta oportunidad— en problemas doctrinarios y metodológicos, señalemos que a nuestro juicio el desenvolvimiento científico responde, por una parte, a su propia dinámica, y por la otra, a los estímulos u obstáculos del contexto sociopolítico o a las señales emitidas por la cosmovisión que siempre requiere cierta congruencia y establece límites. Este contrapunto destacará las asincronías, tanto más perceptibles si las referimos a lo que ocurre en el resto del mundo. Estos diferentes vientos, de varia intensidad y tantas veces direcciones encontradas, constituyen un argumento adicional para preocuparnos seriamente por fortalecer las raíces. Y hagamos aquí una aclaración: cualquier concepción demasiado pragmática desatiende el significado de la tradición cultural dentro de la cual se inscribe el quehacer científico que no depende necesaria ni exclusivamente de la política económica. Y por otro lado debe distinguirse con sumo cuidado entre qué es *tradicionalismo* y qué, *tradición*.

La institucionalización de la ciencia, las relaciones entre ésta y el Estado, y las de ambos con la Universidad, adicionadas a varios otros factores entre los cuales apenas recordaremos, por ahora, el prestigio social, son ineludibles puntos de referencia para la comprensión de los procesos, pero también para el planteamiento de un problema harto complejo que alguna vez habría que abordar explícitamente: qué elementos participan, qué insumos requieren y cómo incentivarlos adecuadamente para lograr una *masa crítica* de conocimientos que ejerza efectivo poder de atracción y estímulo; y hasta dónde puede contribuir a modificar la constelación de valores admitida para proponer una nueva.

Adolf Ernst, uno de los patriarcas del positivismo de su tierra de adopción, escribió:

> En países jóvenes como Venezuela, los estudios científicos no pueden prosperar sin la protección e intervención directa de los gobiernos. La vida de la sociedad no ha llegado aún al punto de desarrollo que hace posible el amor y el culto de las ciencias *per se*; porque la lucha por la existencia material absorbe todas las fuerzas y todo el tiempo.[4]

[4] Adolf Ernst, "Qué influencia ha ejercido la Revolución de Abril, década de 1870 a 1880 en las ciencias", en: *La Opinión Nacional*, núm. 3267, Caracas, 27

Modifiquemos ahora el punto de mira. Juan José Saldaña[5] ha llamado la atención sobre una circunstancia significativa: el siglo XVIII finalizó con el predominio de las ideas de la Ilustración, con su carga de racionalidad, sus efectos ordenadores y organizadores de la realidad; la pasada centuria llegó a su término con la supremacía del positivismo que, desde diferentes supuestos, también presentaba similares características. Y ambas corrientes poseían, además, una nota común: su optimismo. Nadie está reivindicando por cierto aquellas filosofías *in totum*; sólo se están señalando algunos rasgos comprobados. En cambio, nuestro dramático siglo XX no parece prometer cosmovisión alguna que ofrezca aquellos caracteres; antes bien, muéstrase pródiga en manifestaciones de signo opuesto: no se advierten en el horizonte criterios ordenadores ni organizadores de la realidad, y menos aún que alleguen certidumbres. No entraremos a dilucidar aquí el papel que desempeña una cosmovisión propicia (o el que cumple una cosmovisión de signo adverso), tema abordado, entre otros, por el filósofo argentino Francisco Romero en un sagaz ensayo sobre "El positivismo y la crisis". Limitémonos, pues, a insistir sobre cuánto debe concernir la relación entre la sociedad y la cosmovisión del periodo aquí estudiado, para rastrear el papel del quehacer científico en ese contexto y hacerlo, sobre todo, con el propósito de iluminar las congruencias y contradicciones, las fuerzas y las

---

de abril de 1880. La referencia ha sido tomada de José Rafael Lovera, "La conciencia del papel del conocimiento científico y de la tecnología en el desarrollo de la sociedad: el caso de Venezuela en la segunda mitad del siglo XIX", en *Los estudios históricos en América Latina*, Caracas, Universidad Central de Venezuela, t. II, p. 726.

[5] Juan José Saldaña, "Marcos conceptuales de la historia de las ciencias en Latinoamérica. Positivismo y economicismo", en: *El perfil de la ciencia en América*, México, Cuadernos de Quipu 1, 1986.

debilidades, las asincronías, ingenuidades y desaprovecha-
mientos de recursos.

Quizás, y la opinión está bastante generalizada, tan importantes como el acopio de las recientes ideas científicas y
de los nuevos equipos y productos hayan sido "la profesionalización de la investigación y los cambios institucionales
en la forma de producir conocimientos y realizar innovaciones". Además, recuérdese con Francisco R. Sagasti y
Alejandro Pavez que asistimos simultáneamente a "un cambio significativo en la estructura de las universidades, se ar-
ticularon las relaciones entre la Universidad y la industria,
y surgieron nuevos marcos institucionales para organizar la
investigación".[6]

Y como lo evocan precisamente los autores citados, los
cuatro Congresos Científicos Latinoamericanos realizados
sucesivamente en Buenos Aires (1898), Montevideo (1901),
Río de Janeiro (1905) y Santiago de Chile (1909) indican
una verdadera inflexión en el alicaído desenvolvimiento de
la ciencia y la técnica de fines del siglo XIX; además, señalan el esfuerzo por establecer relaciones entre los países de
la región y alertar a la opinión pública. Para ofrecer siquiera una idea de la magnitud de esos eventos memoran que el
Cuarto Latinoamericano (y primero Panamericano) regis-
tró un número de 2.238 miembros, delegados y asistentes,
que representaban 20 países; de los 742 trabajos anuncia-
dos se publicaron 500 en 23 volúmenes. Estamos, pues,
frente a una formidable documentación, la que debidamente analizada —como lo hacen los mencionados autores—
puede constituir un riquísimo material, el que, asimismo,
transparenta una suerte de "nacionalismo" científico ame-

[6] Francisco R. Sagasti y Alejandro Pavez, "Ciencia y tecnología en América
Latina a principios del siglo XX: Primer Congreso Científico Panamericano", en:
Quipu, vol. 6, núm. 2, 1989, pp. 189-216.

ricano; adviértase, además, que a la reunión sus mismos asistentes asignaron significativa importancia. Retórica de lado —que la hubo ciertamente—, estamos ante testimonios que sólo ahora comienzan a ser debidamente trabajados y cuyos resultados podrían servir de indicadores a veces inapreciables para determinar niveles y actitudes. Cabe aguardar para los próximos años estudios exhaustivos o tesis de doctorado que aborden este material que, por lo que llevamos dicho, todavía no ha sido aprovechado.

Otro tanto podríamos manifestar acerca de los congresos nacionales. Juzgamos, pues, sería sugestivo tomar siquiera alguno de ellos como punto de partida y de reflexión.

De la convocatoria al "Primer Congreso Científico Mexicano organizado por la Sociedad Científica Antonio Alzate que se celebrará en la ciudad de México, del 9 al 14 de diciembre de 1912, bajo los auspicios de la Secretaría de Instrucción Pública y Bellas Artes",[7] que firman como presidente Alfonso Pruneda y como secretario general Rafael Aguilar y Santillán, surge un rico manojo de ideas. Ante todo, importa a sus organizadores se lo vincule a reuniones precedentes:

> Con todo éxito se han verificado durante los últimos años congresos nacionales de educación, de meteorología y de medicina: los internacionales de americanistas y de geología, etcétera, y ha sido patente que todos los hombres de ciencia y de labor intelectual han acudido presurosos al llamado [...]

Vale decir, convocados fueron cuando estaban dadas las condiciones para ese tipo de actividades ya admitidas por

---

[7] Elías Trabulse, *Historia de la ciencia en México, siglo XIX*, México, CO-NACYT/FCE, 1985. Seguimos el texto de las *Actas y Memorias del Primer Congreso Científico Mexicano* reproducido en pp. 407-426.

la comunidad. Entre las "Bases para la celebración...", advertimos algunas que revisten el mayor interés para nosotros; así los puntos:

III. Además de los trabajos que se presentarán en las sesiones, se propondrán los medios más eficaces para la protección de la ciencia, la enseñanza científica, cuestiones generales, nomenclatura, nombres geográficos, etcétera.

IV. Se organizarán durante la reunión del Congreso excursiones científicas, visitas a museos y otros establecimientos, así como una exposición anexa en la que se exhibirán los aparatos científicos o de aplicación a las artes o a la industria, libros, folletos, procedimientos nuevos, inventos, fotografías, cartas, planos, etcétera.

V. Se iniciará la creación de nuevos institutos, museos, cátedras, laboratorios, bibliotecas, edificio para sociedades científicas, oficina de distribución de publicaciones, la protección de especies útiles y de riquezas y monumentos naturales, pensiones vitalicias, etcétera.

A nadie podrá escapar la sorprendente gama de temas, la mayoría de los cuales sigue constituyendo hoy una preocupación para los científicos latinoamericanos.

Por otro lado, en el copioso "Programa" observamos algunas sugestivas intervenciones que, infortunadamente, no hemos podido consultar, aunque sus títulos nos parecen reveladores y más que significativos. Para el 9 de diciembre se anuncia la disertación del profesor Alfonso L. Herrera, sobre "La ciencia como factor primordial en el progreso de las naciones", y para el 13 del mismo mes, otra del citado A. Pruneda sobre "Algunas cosas que pueden hacerse para el adelanto de la ciencia en México". No se requieren dosis excepcionales de perspicacia para advertir cuán amplio es el espectro de cuestiones suscitadas, que van desde la política científica al equipamiento, de la vulgarización de las publicaciones a la protección del ambiente físico y humano; todo ello descubre una singular madurez y una firme apuesta al futuro. Subraya, además, que la marcha intelectual, contrariamente a lo que ocurre con la política y las artes, indica "con claridad meridiana que el progreso no es una frase, y es tal la fórmula que lo define, que podríamos decir, valiéndonos de una expresión matemática, que avanza en *progresión geométrica*". Poco antes el subsecretario Gerónimo López de Llergo, al rastrear el historial de eventos afines desde la antigüedad —aunque a su juicio "el antecedente enteramente seguro y comparable son los dos congresos científicos que se iniciaron a principios del siglo pasado, siendo el primero el que se reunió en Alemania en el año 1828 bajo la presidencia del excelso sabio Alejandro von Humboldt"—, recordó "el Congreso Científico Panamericano que acaba de reunirse en Santiago de Chile" (y que nosotros citamos páginas atrás). Es evidente que enfrentamos un esfuerzo inteligente por reanudar una tradición en la materia.

Si bien constituyen un indicador inapreciable para la historia social de la ciencia, como así para mejorar el conocimiento de su institucionalización y de las políticas seguidas en cada momento y país, no podemos analizar, ni siquiera enumerar aquí, todas las reuniones nacionales o latinoamericanas de esta índole realizadas; más aún: entender su valor intrínseco en cada caso requeriría detenerse en el estudio de las circunstancias que muchas veces le otorgan sentido. Además, intentarlo podría convertir parte de nuestro trabajo en un catálogo, y también porque nuestras bibliotecas y repositorios bibliográficos no siempre permiten realizar esa tarea. Adviértase, además, que una simple recapitulación tampoco sería demasiado elocuente y abordar pormenorizadamente cada uno requeriría un espacio del que carecemos.

Entre otros temas bastante desatendidos que reclaman se les dedique siquiera una mención, está el de los libros de texto. Carecemos de estudios bibliográficos y de análisis de contenido de las obras utilizadas en los distintos niveles de enseñanza y en las diferentes épocas; ni aun las historias de la imprenta, que suelen ser muy pulcras, les prestan especial atención. Si dispusiésemos de investigaciones actualizadas al respecto, tendríamos elementos de juicio adicionales para mejor rastrear, entre otras cosas, la propagación de las ciencias en nuestro medio. Veamos una ilustración de lo que estamos manifestando.

En el *Catálogo descriptivo de los libros publicados por D. Appleton y Compañía, y de venta en su almacén 90, 92 y 94 Grand Street, Nueva York, 1870* que, como apéndice, aparece encuadernado junto al libro de D. F. Sarmiento, *Las escuelas: base de la prosperidad i de la republica en los Estados Unidos* (Nueva York, 1870, y cuya primera edición es de 1866), y más allá de algunos textos poco significativos de lectura, geografía, idiomas, amén de diccionarios, atlas, etcétera, queremos destacar *Astronomía popular*, pero, sobre todo, uno que se nos ocurre harto elocuente, ya desde su título tan extenso como decidor: *Principios elementales de física experimental y aplicada, incluso la meteorología y la climatología para el uso de los colegios, escuelas superiores y liceos hispano-americanos y de las personas estudiosas. Conteniendo todos los últimos descubrimientos y aplicaciones recientes a la industria, artes, etcétera, y a los usos y objetos de la vida común. Y una numerosa colección de grabados explicativos e interesantes, intercalados en el texto. Por Pedro P. Ortiz. Un tomo de 507 páginas y 366 grabados, en 12°.* Infortunadamente, a pesar de todos nuestros esfuerzos, no hemos logrado localizar ejemplar alguno de este libro en las bibliotecas consultadas, mas de todos modos de la Advertencia y de las dos páginas reproducidas por el *Catálogo* se infiere que el mismo pretende, partiendo de algunos principios, enseñar la disciplina ("la ciencia progresiva y práctica por excelencia del siglo") "identificada con la sociedad moderna", poner al alcance del lector el significado del telégrafo, la máquina de vapor, la electricidad, la electrotipia, etcétera, "que han dado alas, en cierto modo, a la civilización y el progreso".

Cuando mencionamos, párrafos atrás, congresos o libros de texto como temas atractivos y aún inexplorados, a los cuales habría que añadir muchos otros, así la historia de instituciones (museos, laboratorios, observatorios, etcétera), expediciones, exposiciones, bibliografía y archivos de investigadores, prensa periódica no especializada, etcétera, nos ha guiado, más que el propósito de indicar carencias y huecos en los materiales con los cuales hoy trabajamos, señalar motivos a los jóvenes investigadores que quieran iniciarse en el apasionante mundo de la historia de la ciencia y de la técnica latinoamericanas, cuyas futuras contribuciones podrán enriquecer las perspectivas y ahondar las interpretaciones actuales.

Para concluir estas ya dilatadas reflexiones introductorias digamos que el europeocentrismo, que en la práctica coloreó toda la vida intelectual latinoamericana, conformó una particular cosmovisión que fue postergando y enturbiando la adecuada percepción de la realidad y de los rasgos originales que aquí muchas veces adquirían los problemas. Se les fue otorgando un sentido muy particular a instrumentos conceptuales tales como las ideas de liberalismo, progreso, y a muchas otras a ellas subordinadas o vinculadas, cuya aparente validez universal pocos pusieron en duda.

III

Contrariamente a lo que podría admitirse a primera vista, la consolidación de los Estados nacionales no se correspondió necesariamente con una "nacionalización" de la ciencia en los países latinoamericanos. Contra esa tendencia conspiraron pluralidad de factores; uno es la falta de oportunidades y estímulos dentro de cada una de las unidades políticas, situación explicable por la debilidad o falta de actividades productivas o de servicios que requiriesen sus aportes; otro, el comprensible atractivo, o el deslumbramiento, si se prefiere, por lo que ocurría en aquellas naciones ya incorporadas de lleno a la Revolución Industrial y Agrícola y las orientaciones allí perceptibles; un tercer factor evidencia la distorsión a la que estamos aludiendo, y muestra que, en general, los viajeros y los naturalistas extranjeros que nos visitaron, y a quienes suele dedicarse mayor atención que a los estudiosos nativos, más contribuyeron a enriquecer la tradición propia de sus países de origen que la de los nuestros; "aquí —escribe Simón Schwartzman— no dejaron raíces, no formaron discípulos en nuestro medio, no crearon una tradición de trabajo científico que tuviese continuidad"; añadamos que algunas escasas excepciones confirman la regla. En suma, como bien lo acota Nancy Stepan, "la originalidad en ciencia continuaba siendo producto del esfuerzo individual, del entrenamiento europeo, y a menudo de una fortuna personal". Además, ingrata ha sido nuestra historia al desatender las contribuciones de la ciencia y de la técnica (importadas o autóctonas) al desenvolvimiento de actividades como —pongamos por caso— la minería colonial o el ingenio azucarero del siglo XIX, difíciles de apreciar cuando dejamos de lado aquellos aportes.

Trabajos recientes de Lewis Pyenson (citados en la bibliografía) amplían aún más el espectro de problemas al plantear el papel desempeñado por la ciencia y los científicos extranjeros en los países de la "periferia", sobre todo al vincular su actividad a determinadas políticas culturales de algunas potencias europeas, aunque con particular énfasis sobre el siglo XX. Comentarios y críticas, como las de Frank Safford y Thomas F. Glick,[8] y Ubiratan D'Ambrosio,[9] entre otros, enriquecen el debate que aún necesita ser ampliado con el aporte de documentación y perspectivas nuevas. Así, U. D'Ambrosio, con referencia a L. Pyenson, observa que la de éste constituye "una excelente contribución a los estudios sobre institucionalización de la ciencia y especialmente sobre las relaciones entre la ciencia y las estructuras de poder".

Sin abundar en mayores argumentos —que los hay, y algunos de ellos de peso—, y arriesgando simplificar tema tan complejo, digamos que, entre nosotros, la ciencia no terminó de articularse con la estructura productiva ni tampoco se vio enfrentada a grandes desafíos teóricos; todo esto explica en buena parte su debilidad intrínseca, por lo menos durante el periodo que aborda este trabajo. Desentrañar las razones de esta situación debe constituirse en uno de los desafíos mayores de los estudiosos de esta disciplina, pues sus implicaciones tienen efectos contemporáneos.

Permítasenos ahora una amplia digresión, para situar el contexto dentro del cual se desenvolvió el quehacer científi-

---

[8] *Quipu*, vol. 2, núm. 3.
[9] *Quipu*, vol. 3, núm. 3.

co; ese rodeo nos llevará, así lo esperamos, a percibir el significado que tuvo la seria inflexión registrada desde las grandes propuestas de cambio generadas a mediados del siglo XIX por reformadores audaces hasta los posteriores procesos de crecimiento sin desarrollo, de modernización sin democratización, muchas veces encandiladas estas últimas generaciones por ideas harto equívocas como la de "progreso", a la cual tantas y mágicas virtudes solían atribuírsele, y que para algunos —como más adelante se verá— sólo era instrumento para alcanzar el orden, un orden ayuno de justicia.

LIBERALES Y CONSERVADORES:
SUS PROPUESTAS

Singulariza varias décadas de vida latinoamericana el enfrentamiento entre los sectores habitualmente denominados liberales y conservadores que, como muchas veces se ha dicho, no siempre es posible definir, puesto que en ocasiones aparecen bajo denominaciones que no necesariamente coinciden con las de unitarios y federales, republicanos y monárquicos, etcétera, y revisten rasgos diferenciales según los países y las circunstancias.

En otro lugar y oportunidad hemos señalado que los enfrentamientos entre liberales y conservadores culminaron muchas veces en el campo de batalla porque estaban en juego algo más que teorías, aunque tampoco éstas podrían, como llevamos expresado, ser deslindadas con rigor. Y esto quizás explique la perduración de dichos enfrentamientos. Los conflictos revelaban el choque de intereses, prejuicios y valores, y ponían a prueba las ideas para elaborar propuestas que permitiesen alcanzar no sólo la estabilidad, sino también nuevos ordenamientos institucionales dentro de límites poco menos que inéditos como los que planteaban el surgimiento de los Estados nacionales, desgajados de un imperio colonial, y cuya consolidación veíase turbada por el mantenimiento de antiguos grupos de poder y la irrupción de otros nuevos; conciliarlos no era tarea fácil por cierto. La modificación de las fronteras políticas, sumada al estremecimiento de las fronteras sociales, añadiría por momentos renovados factores de discordia. De todos modos debe eludirse toda simplificación cuando se los caracteriza, así la que sigue de la transposición de aquellas mismas denominaciones europeas al Nuevo Mundo. En cierto sentido, y esto ya lo observó Abelardo Villegas, el liberalismo europeo constituía el *proyecto* de una clase media ya existente cuando entre nosotros era apenas un *programa* que pretendía consolidar dichos sectores.

Si dejamos de lado los alcances que estas corrientes de ideas tenían sobre la conformación del Estado nacional y nos detenemos en aquello que más nos interesa, señalemos, ante todo, la perduración de influencias notables que a través de acontecimientos y de los años adquirirán un nuevo rostro o revelarán rasgos de hibridez; nos referimos fundamentalmente a la filiación ilustrada del liberalismo político (a cuyo racionalismo exigente debe sumarse ahora la influencia paulatina del desarrollo de la ciencia y de la técnica contemporáneas a la Revolución Industrial y Agrícola) que se estaba difundiendo, aunque con ritmo dispar.

La traducción en el campo educativo de este debate sobre el papel del Estado se vincula con el de la *escuela* como institución educadora; o traducido a otros términos, la cuestión a dirimir era determinar si la escuela debía ser la agencia educativa central o esa tarea podía continuar confiada al resto de las instituciones existentes en la sociedad civil (familia, Iglesia, etcétera). Cada modelo educativo concebía por tanto instituciones educativas diferentes, y la escuela aparece entonces como alternativa institucional para la difusión de conocimientos, valores, actitudes, etcétera, en el modelo liberal.

Sin pretender caracterizarlos recurriendo a una fórmula simplista, podríamos afirmar que, por lo que concierne a los liberales, los intereses que expresaban y su filiación ideológica, se pretendían renovadores a la par de secularizadores, vale decir, su posición los lleva a un enfrentamiento con el innegable poder político y económico que conservaba la Iglesia, y por consiguiente pretendían menguar la influencia que aún detentaba ésta en el ámbito educativo. Para los conservadores, en cambio, la Iglesia constituía un factor importante para restablecer el orden, argumento subrayado por el hecho de ser el clero el sector educador por excelencia, y además su papel quedaba acentuado por la escasez de docentes. La creación de escuelas normales (para la formación de maestros) fue una generalizada preocupación en toda América Latina durante aquellos años.

Del periodo inmediatamente anterior al que aquí nos interesa debemos recordar a José María Luis de Mora, cuyas son estas palabras: "El elemento más necesario para la prosperidad de un pueblo es el buen uso y ejercicio de su razón, que no se logra sino por la educación de las masas". Para su contemporáneo Lucas Alamán, la educación debía "aprovechar las viejas estructuras coloniales, aprovechar la especialización". Reveladora es la actitud de aquellos que, además, se proponían ampliar el universo escolarizable y cambiar los objetivos y contenidos mismos de la enseñanza. Si con relación a los primeros niveles el cambio es de política educativa, en la formación superior se proponen modificaciones derivadas de las nuevas ciencias y técnicas. Así, en la Universidad de Buenos Aires (fundada el 9 de agosto de 1821) la propuesta es elocuente, pues se crean nuevos departamentos, como el de Ciencias Exactas, se contratan científicos europeos y surgen flamantes instituciones; los acontecimientos políticos culminarán con la casi desaparición durante treinta años de la alta casa de estudios, la que renacerá renovada tratando de reanudar la tradición que encontraba en sus orígenes, cercanos pero valiosos.

Reveladora es la actitud de aquellos grupos que genéricamente denominamos liberales y conservadores frente a la Universidad. Para éstos la institución debía ser restablecida dentro de sus pautas ideológicas; los primeros, en cambio, propiciaban su supresión por considerarla "baluarte del oscurantismo". El caso colombiano es del mayor interés por extremoso. Tal como escribe el historiador Jaime Jaramillo Uribe, "la atmósfera liberal romántica de 1850 no fue propicia para la Universidad", ya que bajo la influencia de la revolución de 1848, sectores radicalizados del liberalismo de aquel país llegan al punto de sancionar la utópica ley del 15 de marzo de 1850 que, en nombre de la más absoluta libertad de enseñanza, decretó, lisa y llanamente, la supresión de las universidades:

Art. 1°. Es libre en la República la enseñanza de todas las ramas de las ciencias, las artes y las letras.

Art. 2°. El grado o título científico no será necesario para ejercer las profesiones científicas, pero podrán obtenerlo las personas que lo quieran del modo que se establece en la presente ley [...]

Art. 16°. Suprímense las universidades. Los edificios, bienes y rentas de que hoy disfrutan se aplicarán para el establecimiento de los colegios nacionales, a excepción del Colegio del Rosario, cuyos bienes serán administrados conforme lo decida la Cámara Provincial de Cundinamarca.

Luego de quince años de inestabilidad y sobre la base de un proyecto presentado por José María Samper en 1864, el 22 de septiembre de 1867 el Congreso modifica esa actitud "[...] con el objeto de organizar una Universidad Pública en la Capital de la República, la que llevará el nombre de Universidad Nacional de los Estados Unidos de Colombia".

Estas fluctuaciones entre la perduración de una universidad tradicional o su negación con clausuras más o menos prolongadas, a las que deben sumarse unas pocas creaciones nuevas, de raíz, que tampoco tuvieron demasiada fortuna dado el contexto sociopolítico de inestabilidad, no crearon un clima demasiado favorable para el desenvolvimiento de las ciencias, como tampoco para su enseñanza.

Además de pretender deslindar el papel del Estado y alentar su separación de la Iglesia (lo que implicaba, entre otros propósitos, sostener la libertad de cultos, de conciencia, etcétera), uno de los temas vertebrales que aparece en los debates en torno al significado de la secularización es el de las ciencias y algunas de las nuevas teorías que informaban su conocimiento y difusión, cuyo desarrollo, por lo menos en opinión de los legisladores liberales, desautorizaba todos los dogmatismos; más todavía: a los sectores tradicionales irritaba que muchas de las aportaciones más renovadoras y polémicas procediesen de países protestantes. Así, cuando en la Argentina se discuten las propuestas que culminarían con la sanción de la ley 1.420, de educación primaria, que sostiene su carácter "obligatorio, gratuito, gradual, dado conforme a los preceptos de la higiene", establece que la enseñanza religiosa sólo podía impartirse antes o después de las horas de clase por parte de los ministros de los diferentes cultos debidamente autorizados, se expone una cantidad de argumentos basados en el desarrollo de las ciencias y sus aportaciones contemporáneas. Néstor Tomás Auza, autor que no comparte precisamente aquellas orientaciones secularizadoras, recuerda "que la cultura europea de esos años se hallaba hondamente trabajada por las tendencias racionalistas, empiristas, positivistas y evolucionistas, en franca lucha con la concepción cristiana del hombre y del mundo", dicho esto sin dejar de "destacar que el catolicismo tenía, ciertamente, características aristocráticas y conservadoras en las clases altas, inclinadas naturalmente hacia las grandes ceremonias y funciones vistosas, mientras que las masas de fieles sólo poseían un sentimiento católico, sincero, pero carente de ilustración". Recuérdese, además, que en algunos de los países considerados "vacíos" la política poblacional adjudicaba al Estado la función de estimular la inmigración de hombres de todas las razas y religiones, lo cual reclamaba crear las precondiciones jurídicas para su asentamiento, lo que requería instituciones "neutras".

El ministro argentino de Justicia, Culto e Instrucción Pública, Eduardo Wilde, a quien correspondió defender en el Congreso el mencionado proyecto de ley, se pregunta, durante la sesión del 13 de junio de 1883: "¿Qué eran la astronomía, la física, la geología, la química, la historia natural, la medicina y la jurisprudencia, no diré hace siglos, sino hace años?". Natural es, pues, que los nombres de Copérnico, Galileo, Newton, Darwin aparezcan citados con reiteración y se reivindique la autonomía de la ciencia con respecto a la religión.

La opinión pública, a través de la prensa, de las universidades y de los debates realizados en distintas instituciones y diferentes oportunidades, había ya trabado conocimiento de las ideas evolucionistas y de las peligrosas conclusiones que podían seguirse de sus teorías; en algunos países hasta las revistas populares se habían ocupado, con mayor o menor seriedad, del tema.

Simultáneamente con el debate y las vehementes polémicas que lo precedieron y siguieron en la Argentina, tienen lugar otras no menos interesantes en el resto de América. De la vasta bibliografía existente, por ejemplo en Chile, recordemos una obra reciente que incluye seis estudios que integran el libro *Catolicismo y laicismo*, en uno de cuyos trabajos, "El positivismo chileno y la laicización de la sociedad, 1874-1884", leemos:

El positivismo chileno del siglo pasado actuó con extraordinario vigor en el ámbito de la instrucción, convencido de que ésta era la palanca fundamental para obtener la reforma intelectual y, por tanto, la reorganización de la sociedad, apoyándose en postulados de firme e innegable raigambre en las doctrinas cristianas. La instrucción era la llamada a difundir la cultura científica fuente de verdadero conocimiento y única que podía proporcionar a la inteligencia nuevos hábitos acorde con el progreso del espíritu y solucionar definitivamente todos los problemas que aquejaban al género humano.

Allí, como en otras partes, la opinión pública jugó un papel muy importante y los debates se fueron deslizando bien pronto hacia otros temas a aquél vinculados, como el de la secularización de los cementerios, las leyes del matrimonio civil, el derecho de patronato. Recordemos también que la actitud antiliberal de la Iglesia fue ahondándose y tornándose más beligerante; antecedentes no escaseaban: las encíclicas *Mirari vos* (1832) "sobre los males del tiempo" y *Singulari nos* (1834), de Gregorio XVI, que censuró las "desviaciones" de Lammenais, hasta el tan debatido *Syllabus errorum* (1864), de Pío XI, donde se reprueban categóricamente todos los "errores modernos"; una de sus proposiciones, la LXXX, condenaba que el romano Pontífice "pueda y deba reconciliarse y transigir con el progreso, con el liberalismo y con la civilización moderna".

Este clima intelectual explica, en cierto modo, la vehemencia que caracterizó algunas polémicas, así la suscitada en torno a las ideas evolucionistas, o el tema del transformismo, como a la sazón se lo denominaba.

LA FILOSOFÍA DEL PROGRESO

Tanto lujo y tan poco bienestar real

Los países entonces más desarrollados (si empleamos un cierto criterio) o los países centrales (si utilizamos otro) registran a fines de la pasada centuria un aceleramiento y una mutación en su ritmo de cambio que venía acumulándose a lo largo del siglo; parecía propagarse, con inédita energía, una larga serie de consecuencias de la Revolución Industrial, y este estallido modificará no sólo las orientaciones de su desarrollo económico y social, sino también las formas de vivir, actuar, pensar y sentir. Este nuevo clima se difundirá bien pronto al resto del mundo, o por lo menos a las regiones que estaban en contacto más directo con la "civilización europea". La industria, la ciencia, el dinero se proyectan como logros y también como desafíos. Son de entonces muchas de las conquistas de los científicos que favorecieron avances en la técnica y la industria. Las resoplantes calderas del motor de vapor aplicadas al ferrocarril y al transporte marítimo surcan las campiñas y los océanos; pronto dejan de ser una curiosidad para transformarse en una vivencia cotidiana ofrecida por la nueva realidad; son también aquéllos los años de las grandes aventuras de las construcciones metálicas. Otro tanto ocurre con el telégrafo, que parece destinado a suprimir distancias, y la fotografía que, según un autor decimonónico, "al reproducir con tanta rapidez y fidelidad las imágenes de los hombres y los objetos, quebrantó para siempre la fe en los hechiceros".

Paulatinamente verificamos que una palabra se va incorporando al léxico cotidiano; sacada del repositorio de cultismos donde hasta entonces estaba confinada, llegará a convertirse en un verdadero lugar común y una muletilla, pero será simultáneamente la expresión más elocuente de una verdadera filosofía; nos referimos al vocablo *progreso*. Un diccionario publicado hace más de un siglo define el progreso como "el adelanto hacia la perfección ideal que podemos concebir. Las conquistas del hombre sobre la naturaleza, el descubrimiento de una nueva ley, el desenvolvimiento de los principios de la razón, de la justicia y del derecho en su aplicación al gobierno de las sociedades humanas son otros tantos progresos. *Nada más claro que la noción de progreso*, tal cual ella existe en todos los espíritus".

Y poco más adelante prosigue destacando que al desarrollo de la ciencia débese atribuir el suavizamiento de las costumbres y a la industria, la elevación de los sentimientos. Los progresos de la industria consisten, por una parte, en el empleo de máquinas para los trabajos más penosos y monótonos, de cuya servidumbre el hombre se ve liberado; por otra parte, aumenta su bienestar. A todo esto podría añadirse la popularización de los productos del arte por su reproducción múltiple [...] De esta glosa parcial surgen varias notas que tipifican una actitud: por un lado, franco y rotundo optimismo; por otro, una fe ciega en las ideas y explicaciones empleadas. Repárese así en el ingenuo "nada más claro...".

¿Sobre qué fundamentos se asienta ese progreso? ¿Tiene cimientos sólidos o es un coloso de pies de barro? Por una parte, el sensacional impulso del desarrollo industrial, y por otra, el auge, en rigor sin precedentes, del comercio internacional. Si unos pocos países producen cantidades, para la época asombrosas, de productos manufacturados, éstos deben colocarse en mercados cada vez más amplios, y simultáneamente dicha elaboración requiere materias primas en cantidades cada vez más abundantes para abastecer y expandir los procesos productivos, como también alimentos para una población que abandona el campo, se hacina en las ciudades, deja de producir en el sector primario pero se convierte en consumidora. Esto ocurre en los países que llamamos centrales; y en los periféricos —cada vez más íntimamente vinculados al mercado capitalista internacional— el fenómeno se caracteriza, como contrapartida a lo que se acaba de destacar, por un incremento de la producción de materias primas y alimentos; a todo esto debe sumarse otro proceso más lento de diversificación. Es decir que a los cambios en las demandas del consumidor masivo (café, frutas tropicales, etcétera) y a las innovaciones técnicas se responde con un crecimiento cuantitativo sostenido cuyos resultados no siempre serán tan favorables ni tan permanentes como por entonces se estimaba. América Latina, de todas maneras, se deshace del aislamiento, se introduce de cabeza al mercado internacional, fenómeno que por lo demás la atará de pies y manos, articulando nuevas formas de dependencia.

Los excedentes acumulados por nuestros países no se invertirán con modernos criterios económicos ni productivos (tampoco existían las clases sociales ni los estímulos o expectativas necesarios para hacerlo), sino que, antes bien, se derrocharán muchas veces en consumos conspicuos y suntuarios, actitud que bien pronto tenderá a propagarse. En cierto sentido por lo menos, aquí *progreso* parecería sinónimo de consumir más cosas y cada vez más refinadas y complejas. Por otro lado, la riqueza acumulada en núcleos reducidos de la población (en particular, los vinculados a la producción de artículos exportables y a su comercialización) contribuirá a aumentar, en forma absoluta y relativa, las desigualdades sociales, como lo prueba la distribución de esos mismos excedentes.

Desde otro ángulo añádase que el *progreso* también significará una modificación profunda en la distribución espacial de la producción y del empleo —nuevas actividades se asentarán en zonas que los recientes medios de transporte tornan ahora accesibles, o ampliarán las ya existentes—, de donde la alteración del penoso equilibrio alcanzado que modifica al mismo tiempo el peso relativo de las diferentes ramas de la producción.

Ahora bien, esa intensificación del comercio de productos agrícolas y ganaderos (la minería crecerá con más lentitud y más tarde) constituirá un factor adicional que permitirá la consolidación política y social de los propietarios de la tierra, quienes a su vez, en el ejercicio efectivo del poder, contribuirán a modernizar y consolidar la estructura del Estado, sin pretender, como es obvio, cambiar nada. De donde se seguirán, como en cadena, plurales y complejas consecuencias: las inversiones del Estado, o las concesiones que otorgó y los empréstitos que comprometerá, favorecerán un mejoramiento notable de la infraestructura (caminos, ferrocarriles, puertos, obras de saneamiento urbano y rural, etcétera), y de allí a su vez un intenso ritmo de valorización de la tierra, cuyo resultado será el fortalecimiento de esos sectores tradicionales gracias, aunque parezca paradójico, a la acción refleja de las ciencias y técnicas que ellos poco y nada alentaron, ya que muchas veces sólo a regañadientes la admitían. O visto desde otro ángulo: esos mismos sectores tradicionales jamás pensaron en invertir parte de sus ingresos en actividades como la investigación científica o en las aplicaciones de ésta, aunque se beneficiasen a ojos vista con el aprovechamiento local de los resultados de lo que, en estos campos, estaba ocurriendo en Europa: el frigorífico es un ejemplo sobresaliente al respecto. Seguían apostando a una producción extractiva o extensiva con mano de obra barata. Ahora bien, cuando décadas después ese estilo ya no pudo competir con el del trabajo intensivo y transformado (es decir, con sustanciales inversiones en ciencia y técnica), estallará a la luz del día la crisis larvada que estaba incubando América Latina; además, diversos productos primarios como el henequén (pita, maguey), el caucho (*borracha*), algunas fibras textiles o abonos serán paulatinamente sustituidos por otros muchas veces "sintéticos". Compruébese una vez más que importantes sectores vinculados a esos intereses, y de los cuales podrían haberse aguardado comprensión e inversiones, no estaban precisamente atraídos por el tema, aunque en otros terrenos presumiesen de "modernos".

También esta *filosofía del progreso* estará vinculada a una cierta concepción del liberalismo que, por lo menos en teoría, postula la no injerencia del Estado en las actividades económicas, pero en la práctica su actitud será bien distinta; esa política, se ha dicho, "más que liberal hay que calificarla de permisiva". Es precisamente para facilitar el mágico *progreso* que el Estado participará en forma creciente durante este periodo; véase si no el caso concreto de la política agraria. Por una parte, y siempre en nombre del liberalismo y del progreso, se contribuirá a la destrucción de las comunidades indígenas y al apoderamiento de sus tierras con créditos a largo plazo; en otros lugares el mismo Estado será el organizador y factor esencial de la denominada "conquista del desierto", es decir, otra vez el apoderamiento de nuevas tierras para ensanchar el ámbito de influencia de esos mismos sectores tradicionales. Pero tampoco termina aquí la injerencia del Estado; va mucho más allá. A través del sistema bancario los créditos favorecerán siempre a esos grupos vinculados a la exportación, que en realidad constituye una forma de subsidio, sobre todo en países con inflación; cuando falta mano de obra se desarraiga, por ejemplo, al indígena, para proveer de peones a las haciendas, o se estimula y financia una política inmigratoria. Más tarde el mismo Estado "prescindente" tomará parte activa en la represión del movimiento obrero y de sus primitivas y débiles formas de organización; la importancia de la libertad la hacía incompatible por lo visto con el derecho de asociación.

La estructura social se torna mucho más compleja con el crecimiento de los conglomerados urbanos y la diversificación de sus sectores productivos; la aparición de una incipiente clase media expresa el surgimiento de un sector de servicios y administrativo cada vez más complejo, a lo cual debe añadirse el número de profesionales requerido por una sociedad en proceso de modernización.

De alguna manera este progreso también podrá cuantificarse si se toma como referencia la mayor participación en el comercio internacional; se venderán nuevos productos o aumentará en forma poco menos que sensacional la cantidad exportada de los tradicionales: salitre, trigo, carne, frutas tropicales, café y, más tarde, petróleo.

América necesita "orden político" y "libertad económica"

Las guerras civiles habían dislocado la sociedad y la economía de prácticamente toda América Latina; desmantelados quedaron gran parte de los establecimientos científicos surgidos al calor de las ideas "ilustradas" y poco después independentistas. Durante décadas quedaron frustrados los intentos de organizar los países: no se lograba la añorada estabilidad y menos todavía la apetecida consolidación de las instituciones; muchas eran las vicisitudes y sacrificios exigidos, y menguados los efectos obtenidos. De aquí que la paz parecía una verdadera y muy sentida necesidad; la receta era bien clara: terminar para siempre con los enfrentamientos ya crónicos entre conservadores y liberales, acabar con las revoluciones, que en verdad no eran otra cosa que golpes de Estado. Todas estas carencias recomendaban la aceptación de una *filosofía de orden*, capaz de encaminar nuestros países hacia el progreso, "transitando por el sendero de la tranquilidad". El positivismo fue, en cierto sentido, la respuesta encontrada a esas apetencias e inquietudes; sus ideas se difundieron alcanzando un eco y una influencia decisivos; aunque en pocos lugares con tanta profundidad y trascendencia como en México, donde el grupo de sus seguidores, llamados "los científicos", ocupará algunos de los puestos clave en el gobierno; pero de todos modos, quienes trabajaban pensando en la perdurabilidad de sus creaciones no advirtieron que ellas eran menos firmes de lo que podían suponer.

La aplicación de las ideas positivistas al nuevo medio permite proponer como fin y también como objetivo al *progreso*. Pero ¿es que acaso puede alcanzarse el progreso si no es con el orden, vale decir, negando el desorden? Así, Gabino Barreda, uno de los mayores ideólogos de esta corriente, escribe con referencia al problema: "Conciudadanos: que en lo adelante sea nuestra divisa *libertad, orden y progreso*; la libertad como *medio*; el orden como *base* y el progreso como *fin*". Y por si fuese poco elocuente el juicio transcrito, el mismo pensador apuntala su razonamiento afirmando que busca y quiere "un progreso ordenado, un orden progresista y un progreso no anárquico", esto es, y la reiteración se justifica: "orden con disciplina y con legalidad". Recordemos que para el mismo Comte el progreso no era otra cosa que el "desarrollo del orden".

Conceptos casi idénticos se registran en otro país de nuestra América:

> [...] No olvidéis que las ciencias y las artes han importado definitivamente la idea de progreso al lado de la del orden sólo conocida de los antiguos. La sociedad tiene dos necesidades igualmente imperiosas, el orden y el progreso; es uno tan anárquico cuando pone trabas al progreso, como cuando perturba el orden.[10]

El triunfo de los sectores liberales sobre los conservadores o tradicionales significó, si no cambios siempre decisivos en los países, sí su modernización, una de cuyas notas fue la secularización de la vida como rechazo y negación de los resabios de los hábitos coloniales. Y aunque por momentos pueda parecer paradójico, muchas veces surgieron gobiernos liberales que trataron de imponer por la fuerza sus criterios, eliminando la oposición y las resistencias de sus adversarios. Del fracaso de ese intento surgirá un nuevo orden, caracterizado por estas flamantes ideas —por lo menos tal creían sus voceros y ejecutores— que podían situarse por encima de las tendencias anárquicas y despóticas. Justo Sierra, uno de los más brillantes intelectuales de la generación mexicana que compartió dicho pensamiento, y más aún, trató de llevarlo a la práctica, fundó en plena juventud el periódico *La Libertad*, "diario liberal conservador", puesto bajo el conocido lema del positivismo "Orden y Progreso" (que, sabido es, reaparece en la bandera del Brasil). Pero no se vea en estos términos una contradicción; el mismo Sierra lo explica con meridiana claridad: son liberales porque

---

[10] Rafael Villavicencio, "Discurso pronunciado ante la Ilustre Universidad en el acto de repartición de premios, el día 8 de diciembre de 1866", en: *La doctrina...*, ob. cit., t. I, p. 58.

están convencidos de que la *libertad* es una aspiración ideal pero que sólo se alcanza por el *orden*; y son *conservadores* porque se oponen a las revoluciones y a la subversión. En suma, agrega, "menos derechos y menos libertades, a cambio de mayor orden y paz". El diferente peso específico concedido a las libertades políticas y económicas es fácil de entender si admitimos que, de algún modo, la libertad de comercio era equivalente a la libertad de enriquecerse; en cambio mucho menos importaban las libertades políticas y los derechos electorales, por lo general conculcados. El conocido juicio de J. Sierra (1895) "la ciencia no ha prometido la felicidad sino la verdad" ha merecido esta sagaz observación de J. J. Saldaña: era un "uso" ideológico del saber científico para posponer las demandas sociales.[11]

Ese nuevo orden se amasaría con educación, con industrias, con ferrocarriles, con capitales extranjeros, y brindaría, por lo menos a sus beneficiarios, un acceso al "confort", por entonces, o mejor dicho, desde entonces confundido arteramente con "civilización". Algo no se advertía con suficiente claridad: que las inversiones al cabo de poco encaminaban a nuevas formas de dependencia, y se convertían luego de un cierto tiempo en obstáculos al crecimiento; y algunas manifestaciones políticas que se proponían lograr la paz y el orden, poniéndolos al servicio del dichoso progreso y de la apetecida democracia, terminaban en dictaduras como ocurrió con el "porfiriato", esto es, el régimen del general Porfirio Díaz, quien gobernó México, con mano dura, durante más de tres décadas, en forma casi ininterrumpida.

Los teóricos de esa corriente convencidos estaban de contribuir a la realización efectiva de la filosofía del progreso, pues derribaban los impedimentos que estorbaban el acceso a la apetecida "civilización" moderna. El surgimien-

[11] J. J. Saldaña, 1985.

to de una clase media parecía indicar que pronto se consolidaría una burguesía emprendedora y aureolada de todas las virtudes que solían atribuirse, para idealizarlo, al empresario europeo y norteamericano. Pero más que un desarrollo autónomo, con capitalización intensa y creación de manufacturas e industrias, se dio en varios países de América Latina, y sobre todo en México, el fortalecimiento de los terratenientes y hacendados, de resultas del apoderamiento de los bienes de la Iglesia y de las comunidades indígenas. De todos modos la incipiente, y harto débil burguesía mexicana, "trató de demostrar *positivamente* el origen científico de sus privilegios", y en este sentido esa filosofía les servía a las mil maravillas, pues "unía el orden político a la libertad económica". Además, a esos grupos en modo alguno les preocupaba una más justa y razonable distribución de las riquezas, en cambio sí el mejor aprovechamiento, con un sentido francamente utilitario, de los capitales.

En otras latitudes y con respecto a la política poblacional fueron partidarios de una política inmigratoria, para obtener con "razas europeas" un mejoramiento de la actividad económica; pero también en nombre del progreso y de las convicciones se mostraron enemigos de la protección de los aborígenes, es decir que, invocando la historia y el progreso, los condenaban al exterminio. Otra nota define a los secuaces de esta corriente con relación a los grupos menos favorecidos de la sociedad, los nuevos proletarios:

> Los salarios —escribe Francisco Pimentel— nunca pueden bajar de la tasa necesaria para mantener a la clase trabajadora, porque ésta perecería, y como en México los jornaleros subsisten con lo que se les paga, se infiere que no necesitan más para su subsistencia.

En el otro extremo de la misma América Latina —si bien con características un tanto diferentes, explicables por la singularidad de su perfil geográfico, económico, poblacional, político y sobre todo social– asistimos al surgimiento de una generación inspirada en ideales muy semejantes. Ya no se entonan himnos a la debilitada Libertad, pues nuevas y más robustas divinidades son inciensadas, por eso se convoca al dios Progreso. En su nombre, el presidente de la República Argentina, Julio A. Roca, establece su régimen sobre una consigna que bien poca oposición podía suscitar. Quiénes podían decirse enemigos de la "paz y administración", proclamadas por las clases dirigentes como fundamentos de la convivencia social, sobre todo cuando constituían los pilares sobre los cuales se multiplicarían los kilómetros de vías férreas, los puertos, se embellecerían las ciudades, se extenderían los caminos y los telégrafos, junto a la urgente e inhumana tarea de exterminar al indio.

El porvenir avizorado era, o por lo menos así lo predicaban, más que halagüeño: el progreso aguardaba por doquier. Se reproducían los empréstitos y los créditos, que eran, como entonces solía decirse, una "apuesta al futuro". La expansión económica, que por momentos se confundía con la especulación porque se tomaba la falta de escrúpulos como prueba de energía y decisión, creará un clima muy especial de euforia y optimismo. Retorna una olvidada y por eso quizá tanto más añorada tranquilidad, sobre cuyos cimientos se asentará una sociedad elegante y frívola, activa y sórdida, interesada y derrochadora a un tiempo. La ciencia que había comenzado a consolidarse años atrás se debilita y desencamina; las polémicas se atenúan, el espíritu crítico y el disconformismo se marchitan.

Si volvemos la mirada a Venezuela durante aquellos mismos años, se advertirá que el fenómeno se reproduce. El gobierno de Guzmán Blanco persigue casi los mismos objetivos: siempre en nombre del progreso se intensifica un proceso de secularización que lo llevará a enfrentar a la Iglesia, para así consolidar el Estado nacional; se legisla en materia penal, comercial y civil; se organiza la administración pública; se estimula la educación primaria; se realizan los primeros censos; se unifica la moneda; se estructura el ejército dotándolo de armamento moderno; se alienta la agricultura, pero sobre todo se construyen caminos, ferrocarriles, se invierten sumas considerables en el embellecimiento de Caracas, ciudad donde, al cumplirse el primer centenario del nacimiento de Bolívar (1883), se inauguran las obras de alumbrado eléctrico.

Una idea de la coherencia ideológica y de la honestidad de procedimientos de A. Guzmán Blanco, y de cómo gravitaban ciertos hechos circunstanciales sobre el desarrollo de los acontecimientos, puede inferirse del siguiente episodio. Por decreto del 16 de noviembre de 1880 se declara a la Universidad libre e independiente, se la organiza de tal manera que pueda alcanzar rápidamente su autonomía y autarquía. Se la insta a dar a la medida "inmediatamente cumplimiento, considerándola como una de las más importantes y trascendentales reformas de esta época de regeneración y progreso". Pues bien, como los resultados de las elecciones de los claustros no fueron satisfactorios para el jefe de Estado, con fecha 7 de diciembre el mismo Guzmán Blanco sanciona este otro: "Art. 1°. Derogo en todas sus partes el decreto de fecha 16 de noviembre de este año que declara independiente a la Universidad Central de Venezuela". Pero el escarnio no termina allí; un nuevo decreto del 11 de junio de 1883, esta vez, ordenaba la liquidación en pública subasta de todos los bienes de la Universidad: "Art. 1°. La Universidad Central de Caracas y la de Mérida procederán, inmediatamente que el presente Decreto sea promulgado, a la venta de todas sus propiedades urbanas y rurales [...]". Una de las más valiosas fincas pasa a manos del Presidente por un precio vil. Y procedimientos de este tipo no constituyen por cierto una excepción.

También el progreso cultural era alentado por quienes rodeaban al "Ilustre Americano"; en algunos círculos se leen y discuten Lyell y Darwin y, por supuesto, Comte, Spencer, Littré. Pero al lado de estos positivistas vinculados a los quehaceres científicos y a la docencia universitaria, las manifestaciones en el mundo de las letras y del arte padecen de un sensible opacamiento, pues la voz cantante la lleva un grupo de adulones que constituyen un cenáculo, que la siempre pronta ironía de los caraqueños llama "La Adoración Perpetua". De todos modos la historia implacable hace que las corrientes que pasan a través del naturalismo y el modernismo conduzcan más tarde al criollismo y al descubrimiento auténtico del paisaje y del hombre venezolanos. En un ensayo, "El mal gusto en Caracas", significativo ya desde su mismo título, Arturo Uslar Pietri escribe:

> Hasta los Monagas la pobreza del país lo salva de las tentaciones del mal gusto. Con Guzmán Blanco las cosas empiezan a cambiar. Guzmán conoce una de las Europas de peor gusto. La de la Inglaterra victoriana y de la Francia del Segundo Imperio. De allí trae la inclinación a las imitaciones pomposas. Del falso gótico, al falso pompeyano y al falso corintio [...]

Aun cuando dejemos de lado el pensamiento tradicional tampoco se crea que hubo entonces unanimidad entre los pensadores, más o menos empapados de positivismo, acerca del desarrollo de los procesos. Recordemos sólo dos opiniones contrapuestas. Una, la del costarricense Máximo Jerez, en su *Carta pública a los Presidentes de Guatemala, El Salvador y Honduras*, escrita en 1873:

> Sólo el ferrocarril y el telégrafo pueden vencer al desierto, que es nuestro principal enemigo; sólo mediante la implantación de estos dos grandes motores de la civilización, podremos dar a nuestros pueblos hábitos de trabajo, de orden, de moralidad: sólo así podrán aprender nuestros gobiernos la ciencia de la administración y del gobierno; y sólo así podremos levantarnos de esta colonia pobre y atrasada, fanática y autoritaria del siglo XVI, a la altura de una sociedad civilizada del siglo XIX.

El reverso de este optimismo lo advertimos en el siguiente fragmento de Juan Copello y Luis Petricioni (*Estudios sobre la independencia económica del Perú*, 1876):

> Ya en estos últimos años hemos liquidado muchas ilusiones sobre nuestra aparente prosperidad y sobre los pretendidos elementos de ella: hemos visto a lo que ha servido y a lo que puede servir el guano, el salitre, los ferrocarriles, los bancos, la inmigración, las grandes haciendas y empresas, y estamos viendo que a pesar de tantos vapores y telégrafos y movimiento comercial inmenso, un malestar nuevo, profundo, inexplicable, nos devora, nos desconcierta, nos desanima y nos amenaza de un porvenir todavía más triste; y que esta situación ninguna revuelta no haría más que agravarla y empeorarla, porque ella no viene ya de la naturaleza de los hombres sino de las cosas, no deriva de los hombres del presente sino de los hombres del pasado, es decir, de todo lo hecho en estos últimos treinta años, y de los errores económicos que han formado nuestro modo de ser y de vivir.

El optimismo de la *filosofía del progreso* y sus múltiples e innegables realizaciones en todos los órdenes escondía, sin embargo, un rostro oculto: el de las contradicciones y desgarramientos de una sociedad que aceptó, con ligereza, como eficaces los modelos prestigiosos, sin someterlos antes a una crítica adecuada para desentrañar sus consecuencias inmediatas y mediatas. No se alcanzaron, por tanto, soluciones satisfactorias y perdurables; de este modo al cabo de poco tiempo se desembocó en un nuevo ciclo de crisis, algo que el orden imperante no hacía presumir.

¿Cuál pudo haber sido la contribución de la ciencia y de la técnica para encarar estos problemas, de tan sencilla y posible solución, según M. Jerez, o de tan dificultoso arreglo, según J. Copello y L. Petricioni?

EL QUEHACER CIENTÍFICO

En rigor este ensayo abarca un lapso que va desde el periodo que en México se denomina Reforma y en la Argentina Organización Nacional hasta la crisis de 1930; durante esas décadas agitadas la sociedad latinoamericana experimentó profundas modificaciones y serios ajustes cuyos rasgos específicos deben buscarse en la historia de cada país y algunos de los cuales fueron ya señalados; los genéricos son evidentes y dan sentido al proceso todo.

En México, por ejemplo, el renacer de la actividad científica suele datarse en coincidencia con la creación, en 1853, del Ministerio de Fomento, es decir, cuando las tareas y objetivos comienzan a replantearse en forma orgánica. (Dicho sea esto sin desconocer las sagaces propuestas del avanzado gobierno de Valentín Gómez Farías de dos décadas atrás.) Hasta entonces graves fueron las dificultades: la destrucción provocada por las guerras civiles era inquietante; habían desaparecido edificios, bibliotecas, colecciones; otros quedaron severamente dañados; y lo que quizás haya sido tanto o más grave, la defección, por desaliento y frustración, de muchos científicos nacionales y la emigración de otros europeos, y entre estos últimos, los numéricamente más significativos fueron los españoles, alarmados todos por las sucesivas crisis. Esto significó una seria fractura en la ya anémica tradición; a ello deberá sumarse la ausencia de estabilidad amén de criterios orgánicos, pero sobre todo perdurables, para restablecerla.

Si por un momento apartamos la mirada de México y la volvemos hacia Venezuela encontraremos allí un notable testimonio de esa situación casi generalizada a todo el continente; nos referimos a la opinión del ya citado sabio Adolf Ernst, quien en oportunidad de presentar una nueva revista, puesta bajo el padrinazgo de José María Vargas, uno de los grandes científicos del momento inmediatamente anterior, escribió:

> El primer número de nuestra *Vargasia* se publica en tiempos nada propicios a los trabajos pacíficos de la ciencia. Sufriendo casi sin interrupción bajo el azote de la guerra civil, ha llegado el país, cuyas condiciones naturales son el propósito de nuestros estudios, un estado que desanima y paraliza todo progreso, y que llena el corazón de pensamientos poco halagüeños con respecto al porvenir.[12]

En ese clima, caracterizado también por la falta de una universidad cuyas enseñanzas pudiesen contribuir a brindar cierta organicidad y proyección a los estudios, volvió a interrumpirse también la hasta entonces lenta y dificultosa tarea de profesionalización; idénticas contrariedades intensificarán el retraso en materia de divulgación que, tal como se ha señalado, en Europa comenzaba a constituirse en un factor que contribuía a influir sobre la opinión pública y a interesar a ciertos grupos sociales. A juicio de Perla Chichilla Pawling —a quien sobre este punto seguimos— una recuperación se advierte sólo a partir de 1867, y 1912, fecha del Primer Congreso Científico Mexicano, puede conside-

---

[12] Adolf Ernst, "Introducción a *Vargasia*", aparecida en el primer número de dicha publicación, enero-febrero-marzo de 1868. Referencia tomada de *La doctrina...*, ob. cit., t. I, p. 44.

rarse como "punto final de la ciencia prerrevolucionaria y punto de arranque de la del México moderno".[13] Recordemos que el gobierno de Benito Juárez promulga (2 de diciembre de 1867) la Ley Orgánica de Instrucción Pública, y que a ella se vincula el decreto del 14 de enero de 1869, entre cuyas finalidades observemos sólo la tercera: "Popularizar y vulgarizar las ciencias exactas y las ciencias naturales", amén de propiciar la creación o reorganización de nuevos establecimientos y escuelas, así la de "Medicina, Cirugía y Farmacia, organizada conforme a la tradición médica francesa; de Agricultura y Veterinaria; de Ingeniería, con las carreras de ingenieros de minas, mecánicos, topógrafos civiles, geógrafos e hidrógrafos y de arquitectos".[14] Pese a la perduración de cierta indiferenciada formación cultural, seriamente agravada por una desactualizada cosmovisión, y a la carencia de recursos de un Estado empobrecido, a todo lo cual deben sumarse las dificultades teóricas y prácticas de un viraje que lleva de una ciencia de observación a otra de experimentación, de todos modos en ciertas actividades se logran valiosas manifestaciones, estimuladas muchas veces por una diversidad de factores. Así, en México, como en otros países latinoamericanos, el desarrollo de los estudios geológicos viose favorecido, como es obvio, por el interés demostrado por grupos capitalistas extranjeros de explotar la minería y la construcción de ferrocarriles. En esta disciplina, como en otras, debe tomarse en cuenta el nuevo clima de ideas, nos referimos al positivismo evolucionista de vertiente inglesa o francesa (y a las cuales se sumaría más tarde la germánica) que puede verificarse,

---

[13] Perla Chichilla Pawling, "La ciencia mexicana del periodo nacional", en: Elías Trabulse, *Historia de la ciencia...*, ob. cit., p. 14.

[14] Eli de Gortari, *La ciencia en la historia de México*, México, FCE, 1963, p. 300.

por ejemplo, rastreando la frecuencia con que aparecen ciertos nombres y temas significativos. Por supuesto que esta situación se torna perceptible en casi todas las actividades científicas.

Con respecto a una disciplina tan importante como la química, a partir de mediados del siglo XIX se advierte ya la presencia de algunos profesionales altamente calificados como el catedrático Leopoldo Río de la Loza, quien "estableció la primera fábrica de productos farmacéuticos que hubo en México"; otros nombres meritorios cabría agregar, pero de actividad eminentemente individual y casi siempre limitadamente vinculados a la farmacia. Un valioso estudio de Fernando Orozco D.[15] nos permite plantear de manera más adecuada el marco social y económico dentro del cual se desenvolvió dicha actividad, los problemas con sus vastas implicaciones, de manera que sus conceptos bien merecen transcribirse por extenso:

> Un gran vacío se dejaba sentir en cuanto se refería a las actividades de la química aplicada a la industria. Mientras muchos hombres destacaban en la medicina, la jurisprudencia y la ingeniería, y contribuían al engrandecimiento de México, no se contaba con químicos industriales ni en calidad ni en cantidad suficientes para las necesidades del país. Los ingenieros, los médicos y los abogados en su gran mayoría se habían formado en instituciones mexicanas, que ya para entonces se encontraban en condiciones de compararse a los planteles europeos; en cambio, no existía la profesión de químico, no obstante que ya a fines del siglo pasado se hacía necesaria su existencia en nuestro medio; la química se enseñaba sólo con relación a la farmacia, o bien como materia auxiliar para el médico y

[15] Fernando Orozco D., "La química", en: *México y la cultura*, México, SEP, 1946, p. 644.

el ingeniero; el país reclamaba el desarrollo de sus industrias, el aprovechamiento de sus recursos naturales y la producción de artículos cuya importación era obligada.

Las industrias establecidas, en cuyos procesos intervenían operaciones químicas, necesitaban técnicos preparados científicamente para mejorar e intensificar la producción, y al no encontrarlos en el país, se les hacía venir de Europa, aun a costa de grandes sacrificios económicos. La industria del azúcar, la de fermentaciones, la de hilados y tejidos, la metalúrgica y otras más se veían obligadas a pedir auxilio de químicos extranjeros; el Estado mismo no disponía de consultores suficientemente especializados en asuntos químico-técnicos que sirvieran de guía en la resolución de numerosos problemas. Y era así como valiosos recursos naturales se perdían o, en el mejor de los casos, permanecían en estado latente en espera de ser descubiertos por la mirada experta del químico. La agricultura no contaba con químicos que la auxiliaran para el mejor conocimiento de los suelos y en la selección de fertilizantes apropiados.

Con la creación del establecimiento Escuela Nacional de Química Industrial (1916) se inicia en rigor la química contemporánea en México, ya que a poco fue convertida en Facultad; de todas maneras el paso decisivo al respecto será dado con la fundación, en 1936, del Instituto Politécnico Nacional.

Entendemos se justificaba la extensa cita porque conceptualmente trasciende los límites de la disciplina y el ámbito geográfico a los cuales se estaba refiriendo, para caracterizar, implícitamente, otras actividades que padecieron idénticas restricciones en muchos países de Latinoamérica.

El panorama que estamos esbozando sería bastante menos incompleto si recordásemos algunas iniciativas o empresas muy meritorias y de índole harto desigual, pero de repercusión social. La primera sería la adopción del sistema métrico decimal por parte de México el 15 de marzo de 1861, sobre cuya importancia parece ocioso detenerse. La otra es la muy valiosa publicación de *La Naturaleza. Periódico Científico de la Sociedad Mexicana de Historia Natural*, de la cual aparecieron tres series en once tomos entre los años 1870-1910. La tercera mención ineludible serían las *Recherches*, aparecidas en París, en 1882, como resultado de la fecunda Misión Científica a México y América Central.

Por distintos motivos —y no es el menor el propósito de ampliar el espectro de materias que habitualmente suelen considerarse— merecen mencionarse algunos trabajos notables para la época, más que por su originalidad intrínseca por constituir indicadores de una renovada actitud; así los de Alfred Dugès, "Consideraciones sobre la clasificación natural del hombre y de los monos" (1884);[16] el de Ignacio Ramírez, "De los habitantes primitivos del continente americano" (1772);[17] o el de Vicente Riva Palacio, "Razas y castas de México";[18] de este último entresacamos el siguiente párrafo, que mucho nos importa por la actitud que transparenta:

> Queda, pues, el extremo de decir, aunque sin poderlo afirmar definitivamente, que las razas americanas son autóctonas y en un grado de progreso superior al de las

[16] Elías Trabulse, *Historia de la ciencia...*, ob. cit., pp. 137-139.

[17] *Ibidem*, pp. 140-145.

[18] *Ibidem*, pp. 145-159. Si bien en el texto citado no se menciona la fecha de su publicación, las referencias bibliográficas por nosotros utilizadas nos indican que *México: a través de los siglos: historia general y completa del desenvolvimiento social, político, religioso, militar, artístico, científico y literario de México, desde la antigüedad más remota hasta la época actual* publicado bajo la dirección de *Vicente Riva Palacio* apareció, en cinco volúmenes, entre los años 1887-1889. Esta obra, una de las más recordadas del autor, es de las pocas de aquellos tiempos donde la palabra "científico" aparece en el título de un libro de esta índole.

otras razas, pues si por progreso debe entenderse la acumulación de caracteres que en un organismo son útiles y necesarios para sostener la lucha por la existencia, y la desaparición más o menos completa de los inútiles y perjudiciales poseídos por anteriores generaciones, es indudable que los indios estaban en una evolución más avanzada [...]

Sabido es que V. Riva Palacio como intelectual puede caracterizarse por su liberalismo avanzado y optimista, lo cual en cierto sentido descifraría aquel entusiasmo que le permite afirmar el origen autóctono del hombre en América.

Sin entrar al fondo de la cuestión —fuera de lugar aquí— y tampoco discutir precedencias ni rastrear otros antecedentes, que los hay ciertamente, digamos que estas ideas de V. Riva Palacio recuerdan en seguida las sostenidas por Florentino Ameghino ("el apóstol del evolucionismo" llamólo Fernando Márquez Miranda, uno de sus mejores biógrafos), exteriorizadas a partir de los dos tempranos volúmenes de *Antigüedad del hombre en el Plata* (1881-1882), hasta sus enérgicas contribuciones al Congreso Científico de Santiago de Chile (1909) y, sobre todo, al 17° de Americanistas realizado en Buenos Aires al año siguiente con motivo del centenario de la Revolución de Mayo, donde defendió esta hipótesis que le dio tanto o más renombre quizá que el resto de su trascendente obra de paleontólogo. Volveremos sobre F. Ameghino; de todas maneras quede señalado que los puntos de vista de ambos autores mencionados —aunque de desigual densidad conceptual— pueden interpretarse a través del prisma del optimismo de aquella generación que no sólo disputaba un futuro sino que rastreaba en el pasado, en el más remoto pasado, pruebas que legitimasen la antigüedad y, simultáneamente, la dignidad de nuestras culturas autóctonas.

En la misma ciudad en que estaba instalada la Universidad de Córdoba (Argentina), fundada en 1613, donde seguía prevaleciendo un espíritu poco permeable a las renovadoras corrientes de pensamiento decimonónicas y donde todavía gravitaba una ya estéril tradición, establece Sarmiento una Academia de Ciencias (1869, y cuyo Reglamento es de 1874); para ello obtiene por ley una autorización para contratar profesores extranjeros, tarea ésta encomendada al sabio naturalista Germán Burmeister, quien la llevó a cabo con criteriosa sagacidad. Fueron sus objetivos:

1. Instruir a la juventud en las ciencias exactas y naturales por medio de lecciones y experimentos.
2. Formar profesores que puedan enseñar esas mismas ciencias en los colegios de la República.
3. Explorar y hacer conocer las riquezas naturales del país, fomentando sus gabinetes, laboratorios y museos de ciencias y dando a luz obras científicas, por medio de publicaciones que se titularán "Actas y Boletín de la Academia Argentina de Ciencias Exactas" y que contendrán las obras, memorias, informes, etcétera, que produzcan los profesores.

Todo un proyecto cuyas alternativas mal podemos seguir aquí; baste señalar en tal sentido que aquel puñado inicial de investigadores y sus discípulos, además de recordadas publicaciones, dejaron huellas profundas y abrieron perspectivas muchas veces inéditas; y que aquel centro de altos estudios se instala, de propósito, en una de las ciudades menos conmovidas, desde el punto de vista intelectual, del país; como se advertirá, los objetivos eran múltiples e integrados. Casi simultáneamente se crea allí mismo el Observatorio Astronómico (1871), un verdadero jalón en el desenvolvimiento científico y cuyas contribuciones pronto lo vinculan a la ciencia mundial. Los discursos del presidente

Sarmiento y del director contratado Benjamin Gould indican la amplitud de miras de aquellos hombres lúcidamente apasionados y constructivos. El primer magistrado reflexiona en voz alta:

> Es anticipado o superfluo, se dice, un observatorio en pueblos nacientes y con un erario o exhausto o recargado. Y bien, yo digo que debemos renunciar al rango de nación, o al título de pueblo civilizado, si no tenemos nuestra parte en el progreso y en el movimiento de las ciencias naturales.
> Es una cruel ilusión del espíritu creernos y llamarnos pueblos nuevos. Es de viejos que pecamos. Los pueblos modernos son los que resumen en sí todos los progresos que en las ciencias y en las artes ha hecho la humanidad, aplicándoles a la más general satisfacción de las necesidades del mayor número. Lo que necesitamos es, pues, rejuvenecernos, adquiriendo mayor suma de conocimientos y generalizándolos entre nuestros conciudadanos [...]

Del acierto y oportunidad de la iniciativa hablan a las claras las valiosas publicaciones que realizó el Observatorio (la *Uranometría Argentina*, los catálogos de estrellas), y fue allí uno de los primeros lugares donde se empleó la fotografía para los estudios astronómicos, y con resultados sobresalientes. Además, y siempre vinculado a dicha institución, surge la Oficina Meteorológica (1872), una forma científica de conocer las posibilidades de la expansión de la frontera agrícola, a cuyo servicio también se pondrían los resultados de los estudios del suelo y de la flora, y los de tantas otras disciplinas en apariencia "inútiles" para una opinión pública inadvertida o demasiado preocupada por lo inmediato.

Completar de alguna manera esta parte de nuestro trabajo requiere que, por lo menos, se mencionen otras dos iniciativas, la primera de ellas directamente referida a las que inspiró Sarmiento y ya evocamos. Como Presidente suscribió un decreto constituyendo la Comisión Organizadora de una Exposición Nacional en Córdoba, la que se inauguró el 15 de octubre de 1871 (el ferrocarril, dicho sea de paso, si bien la referencia es muy ilustrativa, había llegado a dicha ciudad el 17 de mayo del año anterior, en un paso trascendente de integración del país), y ello a pesar de las graves dificultades que se atravesaban en aquel momento. El evento se realizó sobre una extensión de 10 hectáreas, con asistencia de un público numeroso y deslumbrado por las abundantes novedades en materia de implementos y equipos agrícolas, como así por la calidad y rendimientos de los cultivos experimentales exhibidos, además de las múltiples manifestaciones industriales y artísticas. Del discurso inaugural de Sarmiento en aquella oportunidad, verdadero programa de gobierno, preocupado por el "desarrollo global" como diríamos hoy, rescatamos un solo detalle sugestivo: su pregunta sobre por qué todavía no se fabricaba papel, cuya importancia encarece, cuando la empresa era factible y necesaria. Un par de miles de páginas integran el *Boletín* de la Exposición, dato que brindará una idea de la magnitud del valioso material que tendría a su disposición el estudioso que encare su análisis. Si bien apenas pudimos detenernos sobre este punto, de todos modos deseamos efectuar una brevísima acotación: el interés que ofrece para encarar investigaciones futuras (y ya señalamos al mencionar los congresos) el tema de las exposiciones nacionales realizadas en distintos países y oportunidades, además de su concurrencia a otras internacionales. Decenas de monografías podrían prepararse y cuyo primer resultado serviría para enriquecer la comprensión del contexto social y económico dentro del cual se desenvolvieron la preocupación y la labor científica de tantos precursores que descollaron, o de quienes contribuyeron anónimamente (que es el caso de los artesanos) a consolidar un clima más propicio para el desenvolvimiento de estas actividades. Y además quizá podríamos enterarnos algo acerca del carácter de los vínculos que se establecían con los países más "civilizados", amén de vislumbrar cuál era la imagen que ellos se hacían de nosotros.

La segunda iniciativa, no oficial esta vez, aunque sí generada dentro del clima intelectual de la Universidad, y además —hecho que la singulariza— con la participación efectiva de estudiantes, muchos de los cuales pasarían luego a la historia; aludimos a la Sociedad Científica Argentina (1872), cuyos objetivos eran:

> Fomentar especialmente el estudio de las ciencias matemáticas, físicas y naturales, con sus aplicaciones a las artes, a la industria y a las necesidades de la vida social. Estudiar las publicaciones, inventos o mejoras científicas, especialmente las que tengan una aplicación práctica a la República Argentina. Reunir para este objeto a los ingenieros argentinos, estudiantes extranjeros, a los de Ciencias Exactas y a las demás personas cuya ilustración científica responda a los fines de esta corporación.

En cumplimiento de tan ambiciosos objetivos se organizaron, inicialmente, entre otras actividades: la expedición de Francisco P. Moreno a la Patagonia y una Exposición Industrial, y se alentó la constitución del Club Industrial Argentino; se promovió el Congreso Científico Latinoamericano reunido en Buenos Aires, además del Científico Internacional (1910), y se editó una serie de publicaciones, algunas de las cuales prosiguen hasta nuestros días.

En Buenos Aires, en 1874, apareció el *Periódico Zoolójico. Órgano de la Sociedad Entomológica Argentina*, fun-

dada por H. Weyenbergh, con una dedicatoria en francés:
"A Son Excellence M. Le Docteur D. F. Sarmiento, Prési-
dent de la République Argentine, Le promoteur zélé de la
Civilisation et des Sciences". Conocidas son las ideas y obra
sarmientinas para abundar al respecto; de todos modos parece pertinente añadir que para el adecuado entendimiento
de su interés por la ciencia debemos remitirnos tanto a sus
propuestas y realizaciones como a su cosmovisión comparti-
da por muchos de sus contemporáneos, para quienes un elemento fundamental de la iniciativa era precisamente la actividad científica no condicionada por criterios pragmáticos.
Esta última actitud caracterizará, en cambio, el desenvolvimiento del país durante las últimas décadas del siglo XIX y
primeras del presente; y el tema reviste un enorme significado, pues indica una grave inflexión, modificadora de rumbos. De las grandes políticas principistas sostenidas por los
integrantes de la primera generación de la Organización o
de la Reforma, preocupados por cambios profundos e inversiones básicas, se pasa, paulatinamente, a sostener criterios
"modernizadores", cuyas limitaciones ya indicamos, y de-
sembocan en regímenes conservadores, oligárquicos o dictaduras más o menos ilustradas; es decir, a medida que se am-
plía y profundiza la incorporación de América Latina al
mercado internacional, se estrecha el horizonte de su desenvolvimiento en el terreno que aquí nos preocupa; en materia
de enseñanza universitaria este fenómeno se manifiesta a
través de la profesionalización, y en otros terrenos se advierte que de los sabios, y por momentos polémicos, investigadores y directores de museos y observatorios se llega a ad-
ministradores más o menos talentosos; algunas asincronías
y excepciones sólo confirman la regla.

José Babini en un breve y sagaz ensayo sobre "La 'crisis
científica' del 90", es decir, del momento en que en la Argentina se produce un sensible entorpecimiento en el desa-

rrollo de la ciencia pura y un auge de la aplicada, en especial de ciertas técnicas de procedencia europea, explica la situación de este modo:

> Este contraste entre una ciencia pura estancada y en decadencia y una técnica en plena actividad y florecimiento es el síntoma revelador de la llamada crisis del 90 en el campo del pensamiento científico. En efecto, esa crisis, interpretada como "crisis del progreso", puso de manifiesto cómo en pos de un afán utilitario y de un interés material, y al compás de un aluvión inmigratorio creciente, las actividades técnicas y económicas se impusieron y absorbieron las actividades intelectuales, posponiendo toda preocupación hacia la ciencia pura y trabando toda iniciativa en favor de las investigaciones desinteresadas. Y por eso fue también una crisis, en el sentido peyorativo, del proceso científico argentino, pues se cayó en el error de adoptar y de absorber las aplicaciones de la ciencia antes que la ciencia misma, y el de no advertir que detrás del excitante esplendor del progreso industrial y técnico se oculta ineludiblemente el trabajo puro y desinteresado, único capaz de provocar ese progreso; en una palabra, se cayó en el error de olvidar que la ciencia es ante todo investigación desinteresada y sólo después cosecha de los frutos útiles de esa investigación.[19]

Con diferencias de grado y circunstancias esta apreciación puede proyectarse a toda América Latina: el positivismo, al encauzar dentro de marcos cada vez más estrechos el pensamiento científico, le va mutilando no sólo las alas sino neutralizando también sus fermentos creadores. Se comenzará a recuperar −Revolución Mexicana y Reforma Universitaria, etcétera, mediante− sólo a partir de la segunda

[19] *Revista de Historia*, núm. 1, Buenos Aires, 1957, p. 88.

década de este siglo para volver a rezagarse de resultas de la crisis de 1930.

La especialización constituye otro factor que conspiró contra las audacias de los "viejos" naturalistas; ahora se manejan instrumentos conceptuales de menor alcance y muchas veces sin reflexionar acerca de su función, pues se daban por admitidos los supuestos. También cabe recordar otro elemento de procedencia exógena: durante las primeras décadas de este siglo XX, y con antecedentes en el anterior, comienzan a aflorar algunos contradictorios y no previstos resultados en que desembocaron las ideas positivistas; ábrense de este modo las compuertas a nuevas corrientes que se deslizan hacia actitudes críticas que al desplazar, sin sustituirlos, llevan a discutir los fundamentos de una ciencia que aún no había arraigado satisfactoriamente en el nuevo terreno.

Esto en modo alguno significa identificar al positivismo con el método científico, ni mucho menos; antes bien, cierta proclividad al dogmatismo significó para aquél una seria limitación a la cual debe añadirse una rigidez creciente, esto es, una manifiesta propensión al mecanicismo en determinadas inferencias o generalizaciones y hasta en peligrosas extrapolaciones. El nuevo pragmatismo se corresponde con las preocupaciones limitadamente rutinarias. Se estaba acallando el eco fecundante de las grandes polémicas, como la generada en torno al evolucionismo, que en su momento no sólo estimuló vocaciones, sino que amplió los públicos interesados en estos temas, o dicho de otro modo, formó una nueva e inquieta opinión pública, en particular entre los sectores urbanos; más aún, llegó a estratos antes no imaginados que ahora reivindican la ciencia. Justificar esta afirmación nos obliga a dar un salto en el tiempo.

Toda la primera página del periódico socialista *La Vanguardia* del 1° de mayo de 1901 (Buenos Aires, año VIII, núm. 17) representa una manifestación –integrada sólo por hombres, con aquella formal indumentaria de época que hoy nos hace sonreír con melancolía– cuyo primer plano reproduce una figura de mujer bien robusta (la Libertad, desde luego), portando una bandera en una mano y en la otra un hacha con la cual está derribando todas las barreras que se le oponen. En el fondo, otra imagen femenina sostiene con ambas manos sobre su cabeza un libro abierto donde se lee *ciencia*. (Ilustración de tapa.)

Lo que parece no sólo llamativo sino más bien decidor es el hecho de que un grupo representativo del incipiente movimiento obrero sea quien reivindique la *ciencia* como instrumento de transformaciones y liberación, tal cual surge del espíritu de la publicación con su trasfondo ideológico que responde a corrientes positivistas (o quizás, para ser más precisos, cientificistas), impregnadas de un marxismo que sólo un grupo reducido comenzaba a conocer, y no siempre de primera mano. Interesaría estudiar con cierto esmero qué imagen tenían de la ciencia los diversos grupos sociales; en este caso aparece con un sentido claramente sustantivo. ¿Estaría fuera de lugar plantearse idéntico interrogante en la actualidad cuando conviven grupos que postulan el crecimiento cero, otros que atribuyen los motivos de nuestra crisis contemporánea a un "exceso" (*sic*) de ciencia y técnica, hasta quienes la reclaman como panacea?

La propagación entre amplios sectores del público de las ideas "cientificistas" debe atribuirse en gran parte a la notoriedad del "transformismo" que había suscitado una ya abundante bibliografía y provocado intensos debates. Sin retroceder demasiado en el tiempo, recordemos algunos jalones: de 1877 es la primera traducción española de *El origen de las especies*, obra ya conocida desde tiempo atrás por su versión francesa y por sus multiplicados comentaristas; ese mismo año Darwin es designado socio honorario de la Sociedad Científica Argentina, y en 1878 la Academia Nacional de Córdoba lo nombra miembro honorario, es decir que en vida recibió amplio reconocimiento de los círculos científicos de la Argentina. Muerto el sabio el 19 de abril de 1882, al mes se realiza en Buenos Aires un homenaje público, que alcanza vasta repercusión, y donde pronunciaron sendas conferencias D. F. Sarmiento ("Yo, señores, adhiero a la doctrina de la evolución más generalizada") y Eduardo Ladislao Holmberg; de este modo, y así lo señala Marcelo Montserrat, dos generaciones rinden homenaje intelectual al científico europeo. Holmberg al hablar recuerda y honra simultáneamente a Claude Bernard y "expresa su fe secular en las ciencias naturales concebidas como agentes de la renovación social y cultural".

Por fortuna estas polémicas en torno al darwinismo han sido bien estudiadas en los diversos países de América Latina; y algunos de esos trabajos aparecieron en *Quipu*. Necesitamos con todo una síntesis que articule y organice al tema.

Llegados a este punto permítasenos una nueva digresión.

Por lo que a nosotros aquí interesa recordemos que el método experimental aplicado a la física y a la química, que tan ricas contribuciones habían alcanzado, a través de Claude Bernard logra aportes fundamentales al aplicárselo a la biología y a la medicina, disciplinas que, en la práctica, y en el mejor de los casos, hasta entonces sólo habían sido abordadas a través de la observación. Desde luego que entre los supuestos del trabajo del gran fisiólogo francés está el determinismo científico, críticamente admitido y sabiamente enriquecido.

Una publicación de la Academia Nacional de Medicina del Uruguay, nos referimos a los *Apuntes tomados por Teodoro M. Vilardebó (primer médico uruguayo) del primer curso sobre Phisiologie Expérimental dictado por Claude Ber-*

nard en el Collège de France (1847-1848), nos permite confirmar, por un lado, su temprana influencia aquende el Atlántico, y por el otro, las aplicaciones del método utilizado por C. Bernard, entonces profesor suplente de François Magendie, y que en las décadas siguientes culminarían con aportes capitales como la noción de medio interno, los fundamentos de la fisiología general y la orientación de la medicina experimental. Varias traducciones de sus obras pueden registrarse entre nosotros; mencionemos alguna. Eli de Gortari en su citada obra *La ciencia en la historia de México* recuerda que en 1900 "se publicó la *Introducción al estudio de la medicina experimental*, traducida por el abogado y magistrado Carlos García, en San Luis Potosí; pero la edición se quedó prácticamente sin circular y acabó por destruirse en el sótano en donde estaba almacenada".

C. Bernard tuvo claro valimiento en América Latina en su campo específico y en disciplinas afines, sobre todo gracias a su *Introducción...*, cuyo espíritu puede rastrearse, por ejemplo, en la modificación de los hábitos de pensar de varias generaciones y más allá de su presencia en el desenvolvimiento de las ciencias. Así, Bernardo Houssay (Premio Nobel de Fisiología 1947) escribe:

> Al través del espacio y del tiempo ha ejercido profunda influencia sobre todos [los fisiólogos], y por mi parte, lo considero como uno de mis maestros, por el estímulo poderoso que recibió mi vocación al conocer sus obras y doctrinas, lo cual explica que tenga por él una admiración devota profunda.

Retornemos al núcleo de este trabajo para señalar que desde el punto de vista sociocultural, en la "construcción de un clima" generalizado sensible al quehacer científico, habría que destacar la singular aportación de Florentino

Ameghino, considerado en la Argentina el sabio por anto-
nomasia, y cuya personalidad se ha incorporado (muy
probablemente a través del sistema educativo... cuando el
sistema educativo todavía transmitía paradigmas...) a una
suerte de mitología popular que le acuñó, con cariño, el
mote de "el loco de los huesos". ¿En qué consiste esta singularidad? El comienzo y desarrollo de su carrera de investigador coinciden con una época en que los "hombres estaban preocupados por el progreso material del país y el
aprovechamiento de sus materias primas", es decir, cuando
sólo cabía prever indiferencia en el ambiente para una obra
que José Babini considera "verdaderamente extraordinaria
—dejó escritas más de veinte mil páginas— que comprende
dos aspectos. Por un lado la labor descriptiva del geólogo y
sobre todo del paleontólogo, de valor perenne e indestructi-
ble. El ochenta por ciento de las especies de [...] su obra de
1889 [se refiere a *Contribución al conocimiento de los ma-
míferos fósiles de la República Argentina*] son descubrimientos suyos [...] Dejó, además, expuestas sus ideas vertebrales en *Mi credo* (1906), donde plantea su concepción del
Universo y lo que él llama cuatro infinitos: materia, tiempo, espacio y movimiento".[20]

Sin la posibilidad de abordar aquí su carrera académica
(obstáculos e incomprensiones jalonan su obra) ni poder
exponer sus aportes capitales, dejamos señalado que, contrariamente a lo que podría suponerse, adquirió una repu-
tación que aún perdura. Valga aquí una pregunta: ¿cómo se
forja semejante prestigio? Si a primera vista parecería explicable en torno a un Oswaldo Cruz, en cambio no parece

---

[20] Fernando Márquez Miranda, *Ameghino. Una vida heroica*, Buenos Aires,
Nova, 1951. Sigue siendo útil la clásica obra de José Ingenieros, *Las doctrinas de Ameghino. La tierra, la vida y el hombre*, Buenos Aires, L. J. Rosso,
1919; como así también la antología: F. Ameghino, *Doctrinas y descubrimientos*,
Buenos Aires, La Cultura Argentina, 1915.

tan fácil hacerlo con relación a F. Ameghino. En medio de un clima utilitario y pragmático generalizado alcanzó su gloria trabajando en un campo que está entre los más "desinteresados" y cuya evaluación parece escapar al gran público. Quede planteada así otra cuestión digna de análisis.

Con mucha antelación ya se había advertido en nuestra América Latina contra desviaciones como las señaladas cuando, páginas atrás, hablamos de la Argentina del 90, esto es, del deslizamiento desde criterios principistas hacia otros pragmáticos, que, por lo que ahora nos importa, significa desatender las ciencias básicas y una concepción integral de la cultura para recaer en un utilitarismo miope. La primera actitud lleva a una idea diferente de la enseñanza superior que tampoco descuida el interés por los libros de texto ni por la divulgación científica; la segunda, y aquí reiteramos juicios ya adelantados, conduce a la profesionalización excesiva, a sobrestimar la práctica en detrimento de la teoría.

Andrés Bello, en su discurso con motivo de la reinstalación de la Universidad de Chile (17 de septiembre de 1843), opina que para "[...] guiar acertadamente la práctica, es necesario que el entendimiento se eleve a los puntos culminantes de la ciencia, a la apreciación de sus fórmulas generales", por eso confiaba en que la "Universidad no confundirá [...] las aplicaciones prácticas con las manipulaciones de un empirismo ciego".

En esa misma oportunidad el ilustre humanista se preguntaba:

¿Enumeré ahora las utilidades positivas de las ciencias matemáticas y físicas, sus aplicaciones a una industria naciente, grosera, sin procederes bien entendidos, sin máquinas, sin algunos aun de los más comunes utensilios; sus aplicaciones a una tierra cruzada en todos sentidos de veneros metálicos, a un suelo fértil de riquezas vegetales, de sustancias alimenticias; a un suelo sobre el que la ciencia ha echado apenas una ojeada rápida?

Chile, mediado el siglo pasado, era un país que había logrado estabilizar su sistema político y su estructura institucional, y en gran parte su clase dirigente se orientaba por las ideas mencionadas; trata de atraer sabios extranjeros para quienes se crean condiciones de trabajo adecuadas y se logra un público reconocimiento por su labor; de este modo los asimila con escasas dificultades, como las derivadas del hecho de que alguno de ellos fuese protestante.

Ignacio Domeyko, quien sucedería a A. Bello en el rectorado de la Universidad, era un polaco católico perseguido en su país por el autoritarismo y la intolerancia del zarismo. De sus muchos merecimientos desearíamos destacar que, además de ser un científico concienzudo, fue el autor de valiosos libros de texto, entre otros del *Tratado de ensayos tanto por la vía seca como por la húmeda de toda clase de minerales*, en rigor una adaptación con capítulos originales y utilizado en varios países; según Horacio H. Camacho, a quien seguimos en este punto, su cuarta edición, impresa en París, llegó a emplearse en México. Pero su obra más importante quizá sea su *Tratado de mineralogía* que, a partir de su segunda edición, se denominó *Elementos de mineralojía o del conocimiento de las especies minerales en jeneral i en particular de las de Chile*, actualizado en sucesivas ediciones y uno de los primeros textos de la materia en América Latina. Estas referencias a título de ejemplo persiguen el propósito de llamar la atención acerca del significado que posee la elaboración de textos originales en nuestro continente y su difusión dentro de nuestras fronteras, pues constituyen, en cierto sentido, una manera de integración de nuestra sociedad. Ya en su *Memoria sobre el modo más conveniente de reformar la instrucción pública en Chile* expresaba:

> [...] Si desde temprano se infunden [en el alumno], miras materiales de interés y egoísmo, se comprime muy pronto y se ahoga su talento; se apagan sus aspiraciones intelectuales y de balde se espera de él que prosiga sus estudios y se perfeccione, luego que empiece a ganar plata.

Desde otro ángulo desearíamos recordar que con I. Domeyko —de quien tenemos un extenso e infrecuente testimonio humano en su obra *Mis viajes*, de más de un millar de páginas— y con tantos otros extranjeros como él se podría abrir una línea de investigación que rastrease el aporte de los científicos que otrora llegaron a nuestras tierras huyendo de las persecuciones políticas generadas en el Viejo Mundo, como consecuencia de acontecimientos tales como la Santa Alianza, el 48, el 70, y ya en este siglo la Guerra Civil Española, etcétera. De este modo podría reconstruirse una sorprendente galería de precursores, muchas veces verdaderos "pioneros" en el descubrimiento o enriquecimiento de la imagen que se tenía del paisaje, de los recursos naturales, etcétera. Así, desde Agustín Codazzi, que nos legó obra de enorme y perdurable valor como geógrafo, cartógrafo y naturalista; pasando por Julio Jukowski y Francisco Suñes y Capdevila, polaco perseguido por el zarismo el uno, español de ideas republicanas el otro, primeros profesores ambos de la Facultad de Medicina de Montevideo, pero sobre todo contribuidores a la renovación del clima espiritual del Uruguay; hasta los "trasterrados" del siglo XX que, por principios, abandonaron sus tierras o llegaron a las nuestras convocados por gobiernos progresistas como el del general Lázaro Cárdenas.[21]

---

[21] Gregorio Weinberg, *Modelos educativos en la historia de América Latina*, Buenos Aires, UNESCO/CEPAL/PNUD-Kapelusz, 1984.

Casi contemporáneo de I. Domeyko, cabe recordar el arribo a las playas chilenas de Claudio Gay, autor de una treintena de volúmenes sobre aquel país (ocho sobre *Historia física*, ocho sobre *Historia política*, álbumes, atlas, etcétera). Con referencia a C. Gay escribe Hernán Godoy Urzúa: "Ningún país americano había logrado elaborar tal suma de conocimientos. Sus trabajos merecieron los elogios de Darwin y otros sabios". En efecto, el autor de *El origen de las especies* dijo que C. Gay era "un naturalista acucioso y capaz, quien [ha estado] ocupado del estudio de todas las ramas de la Historia Natural en Chile".

Este mismo agudo observador nos dejó apreciables testimonios sobre el proceso de modernización de la agricultura; se importan equipos desde Alemania o Inglaterra:

[...] don Manuel Beauchef ha introducido una costosa máquina de trillar a vapor en forma portátil; don Agustín Eizaguirre ha planteado otra máquina fija para el mismo uso movida por una rueda hidráulica y don José Vargas ha hecho un viaje a los Estados Unidos con el solo objeto de mandar construir arados modernos y ha llevado a Chile cuatro máquinas de trillar movidas por caballos con las que se promete trillar hasta cien fanegas diarias. Los señores Larrain y Gandarillas han hecho su última cosecha con máquinas de segar obteniendo los más brillantes resultados; los señores presidente y vicepresidente de la Sociedad de Agricultura han practicado en el mismo sentido no menos lisonjeros ensayos, y la siega por medio del sistema de las máquinas ha llegado hasta las llanuras centrales del Maule donde el joven agricultor don Juan de la Cruz Vargas ha empleado dos de estas máquinas de la acreditada fábrica Mac Cormick [...]

Y pensar, reflexiona su autor, que apenas una década atrás todo esto era totalmente desconocido. Por otro lado advierte las consecuencias sociales que este cambio trae consigo:

se va reduciendo el número de "inquilinos" –que pagaban el arrendamiento en especies y siempre estaban endeudados con el terrateniente–, los que son sustituidos, poco a poco, por lo menos en las explotaciones modernas, por peones, "afuerinos"; es decir, las relaciones laborales dejan de ser las tradicionales y paternalistas, para ir adquiriendo caracteres cada vez más capitalistas. Magníficas láminas van ilustrando el proceso de transformación (C. Gay, *Historia física y política de Chile: agricultura...*). La nueva mentalidad de estos agricultores se expresa también por la temprana creación de la Sociedad Nacional de Agricultura (con su *Boletín*, entre 1869-1894) y la de otras instituciones como la Caja de Crédito Hipotecario.

Un desarrollo semejante se advierte del otro lado de la cordillera. El 16 de agosto de 1866 se funda la Sociedad Rural Argentina, entre cuyos amplios objetivos se mencionan varios de particular interés; "así, el punto 4. de sus Estatutos que habla de estimular por todos los medios al alcance de la Sociedad, a los hombres de ciencia, para que se ocupen de hacer estudios sobre los medios de proveernos de aguas para nuestros campos, así como los de agotar los bañados [...]; 6. Estudiar las especies de ganado que más convenga a nuestro clima y estado social y económico; investigar en ellos cuál de sus razas conviene más al país, ya por su valor, o facilidad en su aclimatación; 7. [...] propagar los conocimientos agrícolas; 8. [...] mejora de nuestros instrumentos de labranza; 9. [...] hacer ensayos químicos [...] preparación de las carnes; [...] Investigar las semillas y plantas [...]". A partir de 1867, y dirigidos por Eduardo Olivera, comienzan a editarse los *Anales de la Sociedad Rural Argentina*, cuya publicación prosigue hasta nuestros días.

Los resultados de la Revolución Agrícola e Industrial se estaban incorporando a algunos países de América Latina.

Dos testimonios sobresalientes, escritos con un intervalo entre ellos de poco más de medio siglo, reflejan con eficacia buena parte de la situación y de los problemas venezolanos específicos y latinoamericanos en general de su época; muestran las dificultades, obstáculos, incomprensiones con que tropezó aquí el desenvolvimiento, el mágico "progreso" y en qué condiciones trabajaron los precursores de nuestro desarrollo científico; cuál el trasfondo de este capítulo de contumaces frustraciones. Es evidente que nunca carecimos de diagnosticadores sagaces como tampoco de señaladores de rumbos y respuestas; pero casi siempre ellos fueron desatendidos y estorbados. De todas maneras muchos de aquellos problemas —que hoy debemos replantear en otros términos ciertamente— siguen en pie y claman por soluciones; estamos siempre frente al desafío de generar conocimientos suficientes como para construir un porvenir más venturoso.

Una de las más imperiosas necesidades que en el ramo de instrucción pública experimenta Venezuela es la de clases de enseñanza análogas a su clima, a sus industrias y producciones, y al desarrollo de los elementos que la naturaleza le ha prodigado. Es inexplicable [...] cómo en medio de estas selvas en el centro de la Zona Tórrida, con la agricultura y la cría por bases de riqueza, con los llanos inmensos que nos constituyen necesariamente criadores en enorme escala, no haya una clase de botánica en todo el país, ni de física y química aplicadas a la agricultura, ni de agricultura misma, ni de aquella parte de la historia natural relacionada con nuestro territorio y nuestros intereses, ni veterinaria, ni de ciencia alguna natural de las que están conexionadas con nuestras temperaturas, territorio y producciones.[22]

[22] Antonio Leocadio Guzmán, "Exposición que dirige al Congreso de Venezuela en 1849 el secretario del Interior y Justicia", en: *La doctrina liberal. A. L. Guzmán, Pensamiento político venezolano del siglo XIX*, vol. 6, pp. 66-67.

Veamos ahora el segundo testimonio:

En Venezuela [...] no existen desde hace más de sesenta años sino cuatro profesiones; no salimos de la aspiración de ser Abogados, Médicos, Ingenieros o Teólogos.

Un país que posee tantas minas, no tiene una sola Escuela de Minería.

Un país agrícola, apenas cuenta con una sola Escuela de Agricultura [...]

Un país especialmente criador cuenta con una sola Escuela de Veterinaria de muy reciente creación.

Un país cuyo comercio se extiende considerablemente y pesa tanto en sus destinos, no tiene un solo instituto docente en su ramo.

En un país que produce todas las materias primas de que se vale la industria moderna, no hay un solo instituto destinado a formar hombres capaces de explorar tantos y tan ocultos tesoros para ensanchar la hacienda pública y privada.

Un país que acopia tanta riqueza en sus ríos, en sus mares, en sus campos, en sus bosques, en sus cordilleras, está obligado a pedirlo todo al extranjero, por falta de aptitudes para poner al servicio de la industria y del comercio tantas tan abandonadas maravillas.

En verdad [...] hasta ahora no se ha dado a la enseñanza entre nosotros un carácter verdaderamente empírico; y no parece sino que se tratara de educar niños para vivir más tarde en un país ideal, donde las exigencias ordinarias de la vida material fueran totalmente despreciables [...][23]

En nuestra personal opinión, más que los rasgos empíricos estaban ausentes los principios.

[23] Palabras de Eduardo Blanco, ministro de Instrucción Pública (1904), según Ildefonso Leal, "La recepción tardía de la ciencia en la Universidad de Caracas y la labor del doctor José María Vargas (1786-1854)", separata del libro *Claustros y estudiantes*, Valencia, 1989, p. 369.

Estos pareceres justifican cumplidamente la opinión de Yolanda Texera Amaral, cuando observa: "Se ha dicho que el siglo XX comenzó en Venezuela a partir de la muerte de Gómez. Pero para las ciencias naturales venezolanas, se podría agregar que alrededor de esa fecha se inicia no sólo el siglo XX, sino también el XIX".[24] De todas maneras la misma autora, en otro trabajo, luego de recordar que "la exploración botánica del país fue llevada a cabo en forma casi exclusiva por europeos", rescata, entre otros, la notable figura de Adolf Ernst (y, desde luego, la de su precursor José María Vargas), quien había llegado a Caracas en 1861 y se convierte, junto a Rafael Villavicencio, en uno de los principales difusores de la filosofía positivista que transmite desde su cátedra universitaria y la dirección del Museo de Ciencias Naturales. A. Ernst, uno de los mayores científicos venezolanos, fundó y presidió la Sociedad de Ciencias Físicas y Naturales (1867-1878), cuyo órgano oficial fue *Vargasia* (con siete números publicados entre 1868 y 1870), publicación antes citada. Que trabajaba en un ambiente poco propicio queda demostrado por un solo hecho: las plantas por él recogidas para su herbario fueron destruidas por la desidia; estudiosos posteriores que necesitaban consultarlo debieron recurrir muchas veces a ejemplares duplicados existentes en instituciones extranjeras.

No parece ser éste el lugar propicio para historiar la aventura del positivismo en Venezuela, como tampoco la de las pocas y estimables aportaciones registradas, entre ellas la excelente revista *El Cojo Ilustrado* (1892-1915), que además introdujo innovaciones técnicas en el arte de imprimir.

---

[24] Yolanda Texera Amaral, "La biología en un contexto periférico. La escuela de biología de la Universidad Central de Venezuela", en: Hebe M. C. Vessuri (comp.), *La ciencia académica en la Venezuela moderna*, Caracas, Fondo Editorial Acta Científica Venezolana, 1987, p. 47.

Las instituciones científicas que se van creando, oficiales o privadas, tienen una debilidad intrínseca: su contexto social y económico. O expresado con palabras de Yajaira Freites:

> [...] el gobierno de Gómez termina de construir la infraestructura científica de la ciencia nacional, posiblemente para una sociedad rural mas no para la Venezuela que, a partir de 1928 —cuando el petróleo se convierte en la principal fuente de ingresos del país— pasa a transformarse en una sociedad distinta y en vías de modernizarse. Estas instituciones científicas, casi recién creadas, se vuelven rápidamente obsoletas.[25]

La irrupción del petróleo como primer protagonista de la vida venezolana provoca una seria crisis en la débil estructura existente, "la subordinación del Estado ante la inversión extranjera bien pudiera ejemplificarse con estas palabras de Gómez, de 1911", al dirigirse al Congreso:

> Necesitamos capitales, bancos, ciencia y experiencia para nuestro desarrollo industrial; y como no tenemos tan indispensables factores es preciso recibirlos del extranjero que nos lo ofrecen de buena voluntad.

A pesar de esta declinación, la inercia hace que las ideas que, desde décadas atrás, habían empapado toda la vida intelectual venezolana perdurasen y se expusiesen con un tono contundente, cierto es, pero de mucho más escaso efecto que el conjeturable: habían mudado las circunstancias. De todas maneras merecen recordarse.

En oportunidad de conmemorarse, en acto público, el centenario del nacimiento de Darwin, Luis Razetti se presenta ante el auditorio como "respetuoso admirador de la

---

[25] *Quipu*, vol. 4, núm. 2.

grande obra científica de Darwin y haber sido el escritor que con más fe ha defendido en Venezuela las doctrinas biológicas que se derivan de la alta concepción darwinista del mundo".[26]

En su "Autobiografía" el mismo Razetti se define:

> Soy *republicano demócrata liberal* porque no considero legítima ninguna autoridad que no proceda de la voluntad popular libre y soberanamente expresada, y creo que la libertad del pensamiento y de la conciencia son indispensables al perfeccionamiento humano; soy *determinista* porque creo que todos los fenómenos de la naturaleza están sometidos a leyes absolutas y que cada uno de ellos tiene sus causas particulares, necesarias y suficientes, que son a su vez fenómenos anteriores o contemporáneos al fenómeno considerado; soy *monista* porque creo que la materia y la energía son los dos atributos fundamentales, las dos propiedades esenciales de la sustancia universal, infinita y eterna [...][27]

Como se advertirá, toda una declaración de credo materialista.

A lo largo de este trabajo no hemos incursionado por el apasionante mundo de las ciencias sociales y humanas de la época; pero Venezuela parece depararnos una excelente oportunidad de hacerlo para señalar, siquiera muy de paso, cuáles eran las relaciones que solían establecerse entre la "ciencia positiva" —tal cual entonces se la interpretaba— y el autoritarismo. Por demás estos vínculos teóricos, detalles de lado, tuvieron enorme repercusión sobre la vida social y política de nuestros países, donde una sociología impregnada

---

[26] Luis Razetti, "Discurso de orden en el centenario de Darwin (1909)", en: *La doctrina...*, ob. cit., t. I, p. 385.

[27] Publicado en la revista *Venezuela Contemporánea*, año 2°, vol. 5, Caracas, 1917, pp. 500-510; referencia tomada del citado volumen *La doctrina positivista*, t. I, p. 401.

de biologismo hizo estragos, y una de cuyas consecuencias más serias fue el racismo con el cual se intentó fundamentar, entre otras cosas, la "inferioridad del indio" y clausurar sus posibilidades de integrarlo a la sociedad; otro corolario inferible de aquellos supuestos: la intensificación de un deformante europeísmo con serios efectos desalentadores en nuestro medio intelectual.

Laureano Vallenilla Lanz, doctrinario de la dictadura de Juan Vicente Gómez y autor de un libro hoy clásico dentro de esa tendencia, nos referimos a *Cesarismo democrático*, junto a otros secuaces (algunos de ellos de verdadero talento) procedió a "una laboriosa legitimación del mandato autoritario",[28] para lo cual razonaban de este modo: la falta de entendimiento de los procesos históricos obedece a "los errores científicos que aún viven en nuestra atmósfera intelectual como resabios persistentes de viejas teorías metafísicas que atribuyen a influencias extranaturales o a la voluntad libre del hombre las bases esenciales de todo fenómeno humano [...]", es decir, se descarta todo esfuerzo explicativo de filiación religiosa y también las explicaciones de fuente liberal; hechas estas críticas recurren a los "aportes científicos" del positivismo, esto es, como agudamente lo observa Elías Pino Iturrieta, las "leyes sociales, evolución, medio geográfico, raza —esta última en términos relativos— eran las claves para la fábrica de la panacea [...] Es el prólogo para la justificación de la dictadura".

Pero debemos eludir el riesgo de las cómodas generalizaciones, pues en otros lugares, así en la Argentina, las relaciones entre el positivismo y el poder adquirieron otros caracteres; aquí, esa corriente se emparentó tempranamente con el liberalismo y aun con el socialismo, de manera tal

---

[28] Elías Pino Iturrieta, *Positivismo y gomecismo*, Caracas, Facultad de Humanidades y Educación de la Universidad Central de Venezuela, 1978.

que aquellos elementos autoritarios (que afloraron en algunos pensadores) quedaron en gran parte neutralizados.

Queda así indicado otro momento de la relación entre ciencia y poder que merece ser pormenorizadamente estudiado, como todos los demás, y muy en especial la de estos años que corren, a través de nuestra accidentada historia latinoamericana.

La más reciente bibliografía acerca del desarrollo de las ciencias en la sociedad peruana moderna y contemporánea indica que, salvo las lógicas excepciones, las básicas comienzan a cultivarse en forma más o menos orgánica con posterioridad a 1930, es decir, superan los límites cronológicos del presente ensayo. Esto, a su vez, en modo alguno significa desconocer la existencia previa ni los merecimientos de investigadores de vocación, quienes laboraron casi siempre en forma individual, y fueron desaprovechados por la universidad y por la misma sociedad. Allí, como en muchos otros países latinoamericanos, el clima intelectual no era propicio como así tampoco brindaba horizontes. Cierto es que, como escribe Marcos Cueto,[29] "el positivismo logra un espacio en la Universidad pero la investigación no se había convertido en su objetivo"; conclusiones semejantes pueden desprenderse de la valiosa *Historia de las ideas en el Perú contemporáneo* de Augusto Salazar Bondy. Es evidente que el contexto desfavorecía aquellas actividades: una sociedad y una economía tradicionales desalentaron esos trabajos y esterilizaron muchas veces las vocaciones. La expresión "carencia de oportunidades" parece aquí tan sugestiva como reveladora en el sentido de expresar un doble juicio: el primero de ellos, y como punto de partida, falta de recursos y estímulos para la investigación; y el otro, carencia de

---

[29] *Quipu*, vol. 4, núm. 3, p. 329.

medios para encarar la producción y ausencia de capacidad empresaria para los procesos de comercialización.

La abundancia y magnitud de los recursos naturales atrajeron, tampoco podía ser de otra manera, el interés de los extranjeros (científicos, comerciantes, etcétera), pero la oportunidad y la valorización de su explotación –primaria o elaborada– se decidían fuera de sus fronteras, es decir, en aquellos países que disponían de los capitales y los técnicos necesarios y del suficiente conocimiento del mercado internacional. La historia del guano, por ejemplo, desde los primeros análisis realizados por el peruano Mariano Rivero hasta el reconocimiento de su valor como fertilizante, es una prueba aleccionadora de lo que estamos diciendo. Lo expone con claridad meridiana Arturo Alcalde M. cuando observa que debió aguardarse el respaldo de "tres notables químicos, Johnson en Inglaterra, Boussingault en Francia y Liebig en Alemania, que han contribuido a estructurar la ciencia de los fertilizantes",[30] para que su respaldo condujese a la explotación en escala del recurso. Algo semejante podría decirse con relación al salitre y otros productos. Para evocar su importancia recordemos, con Mario Samamé Boggio, que a partir de 1835 la producción del salitre fue decisiva para la economía peruana y constituyó uno de los factores desencadenantes de la guerra con Chile (1879).

Convencidos estamos de que una búsqueda inteligente y exhaustiva de los trabajos olvidados en revistas de escasa circulación y casi siempre efímeras, como así también una ponderación de las patentes registradas, desde un punto de vista científico y técnico, además por supuesto del econó-

---

[30] Arturo Alcalde M., "Hitos en el desarrollo de la química peruana", en: *Estudios de historia de la ciencia en el Perú*, Lima, CONCYTEC, 1986, vol. 1, pp. 21 y ss.

mico, compensaría con creces los esfuerzos invertidos. La labor que sugerimos, en apariencia y sólo en apariencia de mera exhumación con propósitos eruditos, podría depararnos aún muchas sorpresas.

De 1876 es la Escuela de Ingeniería, creada por Eduardo Juan de Habisch que nace, tal como lo indica José Ignacio López Soria en su *Historia de la Universidad de Ingeniería. Los años fundacionales, 1876-1909*, como respuesta a las necesidades derivadas de la explotación de minas, establecimientos metalúrgicos, obras públicas, ferrocarriles, etcétera, contribuyó a tecnificar poco a poco la producción y alentó la búsqueda de nuevas fuentes productivas. Un espíritu semejante puede registrarse en su origen, enseñanza y desarrollo en varios países; véanse en este sentido, entre otras, las obras de Hernán Gutiérrez Braun, *La ingeniería en Costa Rica, 1502-1903. Ensayo histórico* (Editorial Tecnológica de Costa Rica, 1981); *Historia de la ingeniería en la Argentina*, de Antonio Vaquer *et al.* (Buenos Aires, EUDEBA, 1968), etcétera, donde podrán encontrarse ricas referencias en la materia.

Las obras públicas proyectadas y realizadas en Colombia padecieron las discontinuidades provocadas por las guerras civiles, más aún, esas conmociones atentaron contra el mantenimiento de las escasas y precarias existentes y, desde luego, no favorecieron su cuidado ni su desarrollo. La construcción de carreteras, por ejemplo, emprendida sin planes orgánicos, respondía casi siempre a los grupos de intereses locales y fueron confiadas a empresarios improvisados, sin calificaciones ni antecedentes, de manera que tampoco debe buscarse por este lado un sensible estímulo para el desenvolvimiento de la ingeniería que, en cambio, parece haberse favorecido algo más con los proyectos de trazado de ferrocarriles; éstos requerían profesionales para la construcción de puentes y otras obras de arte adicionales necesarias para superar los obstáculos derivados de una ardua geografía y las amenazas generadas por las diferencias climáticas; los topógrafos encontraron, en esas condiciones, un mercado de trabajo. De todos modos, como se infiere de sendos estudios de Frank Safford y de Alfredo D. Bateman sobre el tema, la descentralización política concurrió a generar una suerte de caos en materia de proyectos, los que muchas veces se superponían o poco menos. Y un factor que se repitió en varios países de América Latina: rivalidades entre los intereses vinculados a las carreteras y los ferrocarriles. Por lo general las empresas extranjeras traían sus propios ingenieros para las tareas jerárquicas y recurrían a los nativos (algunos de éstos formados en universidades europeas y norteamericanas) para tareas subsidiarias. Además, actitud comprensible, contrataban generosamente a periodistas, abogados y políticos cuya colaboración era requerida con preferencia al personal técnico local. Y esta situación perduró durante décadas con manifestaciones diversas según los países y circunstancias.

Si abordamos un caso atípico, como el del Ecuador de Gabriel García Moreno, se nos plantean interesantes problemas bajo el punto de vista de la historia de la ciencia considerada desde un ángulo social, insoslayables sobre todo para eludir apresuradas generalizaciones y simplificaciones.

Conocida es la férrea personalidad de G. García Moreno, dictador durante prácticamente quince años y dueño de vidas y haciendas en su país; pero del resto de sus pares del continente lo distingue su catolicismo beligerante que, como se recordará, lo llevó a consagrar al Ecuador al Corazón de Jesús, actitud singular a mediados del siglo XIX, cuando los procesos de secularización habían generado otro clima mental; además, concedió grandes privilegios a la Iglesia: entregó la enseñanza a las órdenes religiosas; firmó un Concordato con la Santa Sede. A primera vista, y de acuerdo con criterios convencionales, no cabría aguardar por parte de G. García Moreno una actitud favorable al desarrollo de la ciencia en su país. Pero no es así; otra es la verdad. Como lo admite José Luis Romero, en él "la defensa militante del catolicismo se combinaba con una inconmovible fe en el progreso y en la ciencia". García Moreno fue un químico y un amante de la química (disciplina que había estudiado y practicado durante una breve permanencia en París); a todo lo cual cabe añadir que llegó a ser miembro de la Sociedad Geológica de Francia (1856) por sus exploraciones y reconocimientos del volcán Pichincha entre otros.

Jorge Salvador Lara reconoce en él a un "realista" preocupado por el atraso del país; y en tal sentido trae a colación fragmentos de dos cartas. En una se lee:

> Nuestra naturaleza es muy rica, pero no conocida. Vivimos allí como ciegos, y muy posible es que el que tiene una linterna haga descubrimientos importantes.

En la otra observa:

> Me baila en la cabeza el proyecto de fabricar allí ácido sulfúrico, sin el cual no hay industria posible. Hace pocos días que oí a Monsieur Balard, uno de los profesores de la Sorbona, que el grado de civilización de un país se podría medir por el número de litros de ácido sulfúrico que producía. Y por cierto tenía mucha razón. Así nosotros nos hallamos en el grado cero.[31]

---

[31] Jorge Salvador Lara, "García Moreno y los estudios científicos en el Ecuador", en: *Apuntes para la historia de las ciencias en el Ecuador*, Quito, 1978, t. I, pp. 103-113.

Entre otras iniciativas adicionales mencionemos: la instalación de un observatorio astronómico en Quito; una escuela politécnica para la cual designó dieciséis jesuitas especializados en enseñanza de la ciencia, establecimiento éste provisto de actualizados laboratorios y gabinetes de física, química, mineralogía y geología; a lo enumerado súmense un jardín botánico y otras propuestas de menor envergadura. En terreno distinto recordemos que alentó la construcción de carreteras, tendido de líneas férreas, cultivos azucareros, etcétera. En su *Mensaje al Congreso* de 1871 expone en detalle sus ideas en materia de educación y de ciencia; merece una relectura. Estos proyectos y realizaciones naufragaron como consecuencia de los acontecimientos que siguieron a su trágica desaparición.

Si evocamos este singular episodio es para favorecer una reflexión al respecto y alertar contra innecesarios reduccionismos como aquellos que establecen relaciones mecánicas entre ciencia e ideología. Una propuesta de desarrollo científico y tecnológico por sí misma no significa una propuesta "progresista", pues también puede servir para consolidar, modernizándolo, un régimen retrógrado. Y los ejemplos no son tan infrecuentes en la historia; algunos tenemos bien cercanos. Sólo una cosmovisión adecuada pudo otorgarles sentido a aquellas iniciativas, de otro modo quedaban expuestas a desarticularse tarde o temprano. Dicha administración se apoyaba en los intereses vinculados al latifundio de la Sierra, y la pobreza del indio se explicaba, muy simplemente, por su alejamiento del catolicismo. Estos dos últimos datos, ¿podrían crear las precondiciones para un "despegue" en materia de incorporación de una actitud científica? ¿O estaba ínsita en ellas su negación?

El positivismo fue tardío en el Ecuador y su propagación posibilitada sólo "luego del triunfo de la 'revolución' liberal de 1895". Como lo afirma Samuel Guerra Bravo, "por carencia de una 'infraestructura científica', el Positivismo en el Ecuador no encontró su mejor cauce en el ámbito de las ciencias naturales, sino en el de las ciencias sociales y en el de las bellas artes que respondían más adecuadamente a las necesidades teóricas de las élites dominantes".[32] Sin compartir por cierto la interpretación implícita al término del párrafo dejamos señalada una situación poco sorprendente.

Por su parte Arturo Andrés Roig indicó, con anterioridad, que en el Ecuador el positivismo aparece alrededor de 1900 y llega —a través del Río de la Plata— cuando en Europa ya se había debilitado.[33]

En otros países la demora en arraigar las corrientes científicas, a la sazón vinculadas en ellos al desarrollo del liberalismo y del positivismo, que les brindaban una suerte de cobertura ideológica, obedece no sólo a la carencia de una tradición más o menos arraigada o prestigiosa en materia de investigaciones y a las posibilidades de enseñar y publicar, sino, y por sobre todo, al estado social y económico de los mismos que planteaba pocos requerimientos a esas actividades. Se aproximaba el siglo XX y la estabilidad política todavía no estaba consolidada; seguían pesando demasiado los intereses y las ideologías tradicionales, poco concernidos aquéllos y reacios éstos a los cambios.

En el sentido que aquí nos importa digamos, con referencia a Bolivia, que la creación de ciertas instituciones y sociedades de espíritu moderno contribuirá paulatinamente a modificar el clima intelectual, demasiado anclado en el

---

[32] *Pensamiento positivista ecuatoriano*, estudio introductorio y selección de Carlos Paladines y Samuel Guerra B., de la Biblioteca Básica del Pensamiento Ecuatoriano, Quito, s/f, vol. 16, p. 84.

[33] Arturo Andrés Roig, *Esquema para una historia de la filosofía ecuatoriana*, 2a. ed., corregida y aumentada, Quito, Universidad Católica, 1982.

ayer; y esos movimientos coinciden con el surgimiento de los primeros partidos políticos orgánicos, es decir, cuando "por primera vez en Bolivia la cuestión electoral lleva envuelta la cuestión social". En 1889 se funda la Sociedad Geográfica de La Paz, editora de importantes boletines que favorecieron el mejor conocimiento del país, y "fuente del positivismo en Bolivia", como lo recuerda Leopoldo Zea. A esto debe agregarse, veinte años más tarde, la Escuela Normal de Maestros, cuya prédica e influencia favorecieron las tendencias secularizadoras en la enseñanza.

Las inquietudes y el espíritu innovador en medio de aquel clima adverso se fueron recuperando a medida que volvieron a emparentarse con las de la tradición ilustrada y las corrientes independentistas (es decir, a redescubrirlas luego de prolongado paréntesis); además, reciben aliento con la presencia, polémica por la oposición del medio ambiente, de científicos europeos como Rodolfo Falb, quien se atrevió a sostener que "la materia es eterna", o las controversias suscitadas por la Comisión Científica Italiana que publica un discutido folleto: *El naturalismo positivo en medicina*.[34] El mejor resultado de esas polémicas quizá sea el haber inaugurado nuevos horizontes para las ciencias sociales vueltas hacia los problemas nacionales.

En Costa Rica, país tan diferente por sus características sociales y culturales, también es tardío el desarrollo de aquellas actividades; aunque tuvo interesantes precursores en estudios como Máximo Jerez, Mauro Fernández —quien implantó en Costa Rica el sistema métrico decimal—, Antonio Zambrana y otros. Su nivel podemos comprobarlo al

---

[34] Guillermo Francovich, *La filosofía en Bolivia*, Buenos Aires, Losada, 1984, pp. 120-121. Del mismo autor, *El pensamiento boliviano en el siglo XX*, México, FCE, 1956.

analizar, por ejemplo, las polémicas en torno al concepto de ciencia entre Roberto Brenes Mesén, autor del libro *Metafísica de la mate-ria* (1917) y las duras réplicas al mismo por parte de Carlos Gagini en *La ciencia y la metafísica* publicado al año siguiente. Significativos desarrollos en las ciencias biológicas, como los aportes de Clodomiro Picado, ya exceden el periodo que estamos considerando.[35]

Situaciones semejantes a las señaladas encontramos en los demás países centroamericanos, y quizá sea el guatemalteco Epaminondas Quintana uno de los que mejor resumen la actitud de los intelectuales de la región y en aquella época, frente a las circunstancias:

> Cuando las reformas que necesita el progreso son fundamentales y atacan de lleno los cimientos de las costumbres e ideas anteriores, es necesario —a sus difundidores o apóstoles— repetir en todos los tonos y todos los días, la argumentación y el ataque para que —después de haber sido, la innovación, piedra de escándalo—, pase a cosa probable y quede al final como cosa juzgada y necesaria.[36]

La particular estructura económico-social (monocultivo azucarero y perduración tardía de la esclavitud) y política (diferida independencia con relación a la proclamada por las restantes ex colonias españolas) dan a Cuba una singularidad interesante. Cuando Tirso W. Sáenz y Emilio García Capote, editores de *Cuestiones de la ciencia y la tecnología en Cuba*, intentan una periodización de estas actividades durante el siglo XIX señalan que habría una primera

---

[35] Constantino Láscaris, *Desarrollo de las ideas en Costa Rica*, 2a. ed., actualizada, San José, Editorial Costa Rica, 1975, pp. 391 y ss.
[36] Rafael Heliodoro Valle, *Historia de las ideas contemporáneas en Centroamérica*, México, FCE, 1960, p. 216.

etapa limitada "fundamentalmente a la transferencia de técnica a la industria azucarera"; la segunda la constituirían actividades de ciencia aplicada; y la última se caracterizaría por investigación sin objetivos claros, pero con esfuerzos de sistematización perceptibles sobre todo en materia de botánica y zoología.

Aunque disponemos de varios testimonios de época acerca de la situación de los estudios superiores, preferimos recordar el de José Antonio Saco tanto por la personalidad del autor como por la fecha y el claro espíritu crítico que evidencia:

> Tantas cátedras de derecho civil y canónico como existen en la Universidad de La Habana; tantas de una bárbara filosofía, esparcida por toda la Isla; tantas sutilezas y cuestiones ridículas, impropiamente bautizadas con el nombre de teología, ¿de qué provecho son ni a la agricultura, ni a las artes, ni al comercio, ni a ninguno de los ramos que constituyen la felicidad social? Hayan enhorabuena, como siempre debe de haber, cátedras de aquellas ciencias; pero haya solamente las necesarias, y no se multipliquen con perjuicio de otras que debieran existir (*Memoria sobre la vagancia en la isla de Cuba*, 1845).
>
> Acotemos aquí que dicha universidad fue secularizada sólo en 1842.

Sin embargo, y a pesar del panorama que transparentan esas palabras, pocos años después Felipe Poey, con justicia llamado "el iniciador de la era científica de la historia natural en Cuba", publica sus importantes *Memorias sobre la historia natural de la isla de Cuba, acompañadas de sumarios latinos y extractos en francés* (La Habana, Imprenta de la Barcina, 1851 y 1858, 2 vols.), con láminas coloreadas; la obra se emparenta con la del ya citado Carlos J. Finlay; uno hunde sus raíces en el pasado y el otro se proyecta ha-

cia el futuro. De todas maneras ambos fueron contemporáneos e integrantes de la Real Academia de Ciencias Médi-
cas, Físicas y Naturales (1861), expresión de un complejo
proceso que prepararon esfuerzos previos, y casi con segu-
ridad la más importante institución científica de Cuba de la
segunda mitad del siglo XIX, y que llegó a publicar 96 volúmenes de sus *Anales*.

En rigor los límites cronológicos de este trabajo, en lo que
al Brasil se refiere, coinciden con el llamado "ciclo del café" que traslada rápidamente el centro de gravedad de su
vida económica y social; y, como lo señala María Amelia
M. Dantes,[37] durante este periodo "se profundizaron las relaciones del país con las sociedades capitalistas modernas,
donde la ciencia comenzaba a incorporarse al sistema pro-
ductivo"; pero aquí, sabido es, sus resultados fueron distintos, con una "sociedad esencialmente agrícola y esclavista"
llegóse a fines del siglo XIX con apenas un "cientificismo
difuso", ya que los nuevos métodos –siempre según la autora citada– no se habían incorporado al espíritu ni a los
programas de la enseñanza; tampoco hubo intereses, ni demasiada disposición para alentar esos cambios de actitud.

Para mejor entender este complejo fenómeno deberemos
dar un paso atrás y recordar las dificultades que suscita la
incorporación de la historia del Brasil al resto de la latinoamericana en punto a una periodización común, dada la
asincronía perceptible en muchos de sus momentos esenciales
con respecto a lo que estaba ocurriendo en otros países del
mismo continente. Los rasgos patriarcales caracterizaron el
latifundio y el monocultivo, con la perduración de la esclavitud, sólo abolida en 1888, es decir, un año antes de la
proclamación de la República; aunque merecen recordarse

---

[37] *Quipu*, vol. 5, núm. 2, p. 268.

también otros rasgos como la singularidad que adquiere la proclamación de la independencia, la transición relativamente pacífica, la perduración de la monarquía, el mantenimiento de una cosmovisión tradicional y una cultura libresca y adjetiva. La asincronía con referencia a las que fueron colonias españolas puede apreciarse si recordamos, con Fernando de Azevedo, que entre las primeras 1.154 publicaciones salidas de la Imprenta Real entre 1808 y 1822 ninguna de ellas era de índole científica (los impresos iniciales en México son de 1539 y del mismo siglo XVI los primeros libros científicos); otro dato corrobora este serio desfase: si bien existían en el imperio lusitano instituciones vinculadas a determinadas actividades científicas y algunas de ellas avanzadas, la Universidad sólo será establecida tan tarde como 1934, es decir, más de 350 años después de las primeras creaciones hispánicas en el Nuevo Mundo. Desde luego que este rezago no debe considerarse una fatalidad histórica; el notable desarrollo científico y técnico del último medio siglo demuestra lo contrario; pero es un elemento ineludible cuando se analizan los sucesos de otras épocas.

Ahora bien, sin replegarnos demasiado en el tiempo recordemos que en coincidencia con la instalación de la corte portuguesa en el Brasil en 1808 se advierte la intención de introducir ciertas iniciativas —inspiradas por las ideas de la Ilustración—, como, además de algunas escuelas profesionales (ingeniería militar), las primeras instituciones científicas brasileñas: el Jardín Botánico (Horto Real) y el Museo de Historia Natural que, siempre a juicio de la citada M. A. M. Dantes, "fue la institución científica brasileña más importante hasta fines del siglo XIX", muy visitado por los naturalistas extranjeros que recorrían el país, aunque, agrega, "su acervo sigue siendo precario, los viajes de los naturalistas europeos al Brasil terminaron enriqueciendo los museos de sus países y poco quedó en el Museo de Río de Janeiro".

Importa señalar, como lo hicieron varios estudiosos, Fernando de Azevedo uno de los primeros, que la incorporación de la ciencia moderna, en especial las ciencias naturales, en gran parte se realiza gracias a las expediciones europeas a las cuales deben sumarse iniciativas individuales de quienes, muchas veces, terminaron por residir en Brasil. Las iniciales realizaron observaciones, descripciones y catalogaciones estimuladas por la sorprendente riqueza encontrada, circunstancia que les brindaba enormes posibilidades de lucimiento personal en el mundo académico al mismo tiempo que favorecía los intereses de los países centrales que habían apoyado sus actividades con reconocimiento y con recursos.

Los resultados de esas expediciones (pongamos por caso las de Johann Baptist Spix y Karl Friedrich Philipp von Martius; Auguste de Saint Hilaire; Alcide D'Orbigny; la "Expedição Thayer" con Louis Agassiz y otros; etcétera) fueron a todas luces importantes, si bien nunca llegaron a instaurar en el país un efectivo y ampliado interés por aquellas disciplinas en las cuales habían trabajado. Así ocurre con la botánica. Mario Guimaraes Ferri recuerda que la labor pionera del citado Von Martius, *Flora Brasiliensis*, que a su juicio constituye una obra esencial, tardó ¡sesenta y seis años! en terminar de publicarse.

> Colaboraron, escribe el especialista citado, 65 botánicos de diversas nacionalidades. Consta de 130 fascículos reunidos en 40 volúmenes in folio. Están allí descritas 20.000 especies, de las cuales 6.000 eran entonces nuevas para la ciencia. La obra tiene 3.000 ilustraciones.

Agréguese a los datos mencionados que Von Martius falleció en 1868 y la edición acabó sólo en 1906. (El episodio nos recuerda otro semejante: la publicación de la obra botánica de José Celestino Mutis.) Esto expresa no únicamente la carencia de recursos asignados a empresa de tamaña magnitud, sino el desinterés demostrado por las autoridades, o quizá fuese más correcto decir el de la sociedad toda para encarar emprendimientos semejantes; por otra parte esta misma morosidad es de suyo desalentadora en cuanto implica falta de reconocimiento.

Aquí, en nuestra opinión, cabe hacer un paréntesis y hablar de Johann Friedrich Theodor Müller (1822-1897), demócrata avanzado, quien luego de los sucesos del 48 en el Viejo Mundo buscó emigrar en busca de horizontes menos opresivos; así llegó al Brasil en 1852, donde realizó una labor extraordinaria en precarias condiciones de trabajo (lo cual también constituye una característica de las circunstancias sociales en que se han desenvuelto muchos investigadores latinoamericanos y no los menos importantes), y nunca abandonó el país a pesar de los tentadores ofrecimientos recibidos desde Europa (como el hecho por Ernst Heinrich Haeckel, quien a la sazón gozaba de mucho predicamento en los círculos académicos de todo el mundo), donde se lo respetaba y admiraba como gran zoólogo. Müller, a quien Darwin llamó el "príncipe de los observadores de la naturaleza", escribió un temprano opúsculo que tiene, por su fecha, singular interés en la historia de la ciencia y nos interesa destacar por haberse escrito aquende el Atlántico; nos referimos a *Für Darwin* (1864), cuya versión inglesa: *Facts and Arguments for Darwin* alentó el mismo sabio inglés. Para destacar los merecimientos de este trabajo debemos recordar que en julio de 1858 había aparecido *On the tendency of species to form varieties; and the perpetuation of varieties and species by natural means of selections*, gracias a la intervención de Charles Lyell, quien advertido de las coincidencias entre las ideas de Darwin y las de Wallace hizo publicar, a través de la Linnean Society, un doble ensayo, es decir, el resumen del libro sobre *El origen de las especies* que aparecerá el año siguiente y el artículo de Wallace; de este modo se evitaban enojosas discusiones ulteriores en torno a prioridades y precedencias. Sin entrar en mayores detalles mencionemos que el especialista brasileño Thales Martis escribió acerca de Müller: "La más alta y pura expresión del hombre de ciencia, en nuestro país, durante el siglo pasado". De todas maneras, y la información no es desdeñable, adviértase que la vastísima producción de Müller se publicó en Europa y en alemán.

Además de los merecimientos intrínsecos de este científico —redactó alrededor de 250 trabajos y dejó un vasto epistolario— deseamos subrayar su contribución en cuanto significó dar un gigantesco paso en la actualización científica al ocuparse tempranamente del darwinismo, con la autoridad y probidad con que lo hizo, y esto a pesar del rezago en que entonces vivían los círculos académicos de su país de adopción.

Entre los establecimientos de interés científico más significativos de la misma época cabe recordar la Escuela de Minas, instalada como centro de docencia e investigación en 1876 en Ouro Preto por iniciativa de Pedro I y cuyo propósito era formar ingenieros, geólogos, mineralogistas y metalurgistas. Su dirección fue confiada a un sabio francés, Claude Henri Gorceix, y de allí egresaron los primeros geólogos calificados que el país necesitaba. Evoquemos con Othon Henri Leonardos que hasta entonces la geología había sido una ciencia empírica, sin esfuerzo alguno de sistematización, y se nutría de las observaciones recogidas por viajeros y no pocos aficionados nativos. De todos modos y como antecedente significativo de dicha Escuela recordemos que en 1832 la Asamblea General había recomendado su creación, propósito incumplido durante casi medio siglo; y dicho sea esto además de hacer memoria que ya en 1803 el príncipe regente Juan IV había proyectado "un establecimiento de escuelas mineralógicas y metalúrgicas, semejantes a las de Freiburg y Schemintz que dieron como resultado para aquellos países tan grandes y señaladas ventajas". Fácil será advertir aquí cuánto distan las buenas intenciones de su concreción en obras efectivas; y cuánto esfuerzo y tiempo insumen en nuestra América Latina las realizaciones de esta índole; esto es parte ya de nuestra experiencia cotidiana.

Otro establecimiento llamado a tener enorme influencia sobre el destino de la sociedad brasileña será la Escuela Militar (1874), donde Benjamin Constant Botelho de Magalhaes ejerció una autoridad intelectual poco menos que decisiva y donde el positivismo se convierte en un factor gravitante en la vida nacional brasileña.

Para entender este fenómeno debe considerarse que los hijos de las familias tradicionales, esto es, de los propietarios de tierras y mano de obra esclava, seguían asistiendo a los establecimientos tradicionales; en cambio, los hijos de los nuevos grupos sociales, surgidos de la pequeña burguesía urbana y rural, de la burocracia y también de la incipiente clase media, faltos de recursos pero inquietos por sus calificaciones profesionales, se orientaron sobre todo hacia la Escuela Militar. Entretanto el ejército pasó a ocupar una suerte de "vacío político" generado por el debilitamiento de las instituciones y el desmoronamiento del prestigio del Imperio, cuya perduración era cada vez más cuestionada. El positivismo, convertido en "el evangelio de la Academia Militar", constituía una respuesta bastante más satisfactoria para explicarse la situación durante un periodo de "mayor profesionalización y tecnología", además de sus responsabilidades acrecentadas. En el seno de las fuerzas armadas se habría manifestado "una 'fe politécnica' en la ciencia y en la técnica", lo que explica la conformación de esos "tecnócratas positivistas" como los denomina François Chevalier, llamados a desempeñar un papel tan sobresaliente en el destino posterior del Brasil.[38]

Del mismo año 1874 será la Escuela Politécnica al servicio de la sociedad civil, con fuerte énfasis sobre las ciencias básicas, y donde se otorgaban títulos de doctorado en ciencias físicas y matemáticas y ciencias físicas y naturales, además, por supuesto, de las ingenierías. "Tal espíritu y estructura de los cursos no resistieron mucho tiempo la política y utilitarismo presentes en las posteriores reformas de la enseñanza."[39]

A la historia e influencia de estos establecimientos, y otros menos importantes, debe sumarse la perduración empalidecida de los estudios astronómicos y de ciencias naturales, como así también algunos de actividades aplicadas, aunque la madurez de la ciencia brasileña irrumpirá, inesperadamente quizás, a través de otra vertiente.

Si bien la medicina y la salud pública constituyen un tema de sobresaliente importancia, donde la presencia de las ideas positivistas (en particular en su variante cientificista) es harto evidente, la copiosa bibliografía existente al respecto —en especial, de índole nacional— torna prescindible abordarlas en esta oportunidad, aunque mal podríamos omitir aquí la figura de Oswaldo Cruz, cuya importancia paradigmática quizá pueda inferirse del hecho de que se haya publicado un libro, nos referimos al de Nancy Stepan, cuyo título *Beginnings of Brazilian Science. Oswaldo Cruz, Medical Research and Policy, 1890-1920* ya está indicando el papel clave que a dicho investigador se le atribuye en el proceso. Además, entendemos que las siguientes palabras del mismo O. Cruz lo sustraen al confinamiento de una dis-

[38] Gregorio Weinberg, *Modelos educativos...*, ob. cit., pp. 186-187.
[39] Simon Schwartzman, *Formação da comunidade científica no Brasil*, Río de Janeiro, Editora Nacional/FINEP, 1979.

ciplina, por importante que ella sea y por trascendentes que hayan sido sus aportaciones a la misma, para proyectarlo sobre todo el quehacer científico: "Deseo resolver los problemas nacionales con elementos propios, haciendo en Brasil ciencia para Brasil", es decir, se propuso y logró nacionalizar la ciencia experimental dándole simultáneamente a ésta una notable influencia social; como será fácil advertir, toda una propuesta política.

Formado en París, donde estudió con Pierre P. E. Roux e Ilya Metchnicoff, y donde se sensibilizó social y políticamente al participar en las actividades de algunos grupos de partidarios del capitán Alfred Dreyfus, era director de Salud Pública cuando se procedió a urbanizar Río de Janeiro; durante su gestión logró terminar con una epidemia de peste bubónica (1900) y cuatro años más tarde dirigió una campaña de saneamiento para combatir otra de fiebre amarilla, para lo cual se propuso eliminar los mosquitos que la provocaban y reclamar la vacunación obligatoria; la ciencia oficial descreía de sus propuestas. Su notable labor tropezó con la hostilidad de la opinión pública, atizada por la prensa y el Congreso, aunque ya no era un desconocido, pues había recibido un primer premio otorgado por el XIV Congreso Internacional de Higiene y Demografía realizado en 1907 en Berlín. Un episodio ilustrará adecuadamente el clima en medio del cual debió desenvolver sus tareas; cuando, precisamente como respuesta a la propagación de la epidemia, insiste en la obligatoriedad de la vacuna, viose enfrentado a una violenta campaña emprendida por una "Liga contra la vacuna obligatoria" y apoyada nada menos que por el Apostolado Positivista opuesto entonces al presidente Rodríguez Alves; la situación culminó con graves incidentes callejeros seguidos del amotinamiento de la Escuela Militar, cuyo director quería implantar una "dictadura positivista". Por fortuna, las autoridades no accedieron al reclamo de separación del cargo de O. Cruz, protegieron con tropas leales su laboratorio, aunque sí tuvieron que revocar la polémica obligatoriedad de la vacuna. Sin profundizar más el análisis del sugestivo suceso, puede inferirse cuán peligrosa es toda generalización como aquella que supone que el positivismo apoyó siempre, y en todo lugar, el desarrollo de las ciencias y debió enfrentar la oposición de los sectores tradicionales; en este caso los acontecimientos no ocurrieron como podría conjeturarse en una apreciación superficial.

Los trabajos de O. Cruz son contemporáneos de otros denodados esfuerzos en la materia como lo corrobora la labor de más de un cuarto de siglo del mexicano Eduardo Liceaga a cargo, en su país, del Consejo Superior de Salubridad; y sobre todo de Carlos J. Finlay, el cubano que descubrió el agente transmisor de la fiebre amarilla, quien en agosto de 1881 anunció su teoría del contagio mediante el vector portador de la enfermedad. Pero éste sería tema de otro trabajo.

Para culminar estas consideraciones digamos que el arraigo, la difusión y sobre todo la institucionalización efectiva de la ciencia, en su sentido más amplio, como una actitud que en forma creciente va impregnando paulatinamente la sociedad y la va proveyendo de instrumentos y recursos, deben vincularse a la creación de la primera universidad, nos referimos a la de San Pablo en 1934, a la fundación de la Sociedad Brasileña para el Progreso Científico en 1948, del Consejo Nacional de Investigaciones (1951) que Robert Oppenheimer consideró el acontecimiento más importante para el futuro desarrollo de la ciencia en el Brasil; las fechas de todos estos emprendimientos exceden los límites de éste nuestro trabajo.

LA FIEBRE FERROVIARIA

Desde todos los ángulos (políticos, económicos, sociales, literarios, hasta convertirse en un elemento del imaginario colectivo), el ferrocarril fue un protagonista privilegiado de los procesos de cambio y modernización de América Latina. Merece por tanto se le dediquen siquiera algunas páginas.

La sociedad peruana, aunque acostumbrada como pocas del Nuevo Mundo al fasto desde los buenos tiempos virreinales, escasas veces había participado del formidable despliegue que registran los anales de Arequipa, con asistencia de las máximas autoridades civiles, militares y eclesiásticas del país. El 1° de enero de 1871 se inauguraba una importante línea ferroviaria construida por Henry Meiggs, mezcla de aventurero y empresario, con muchos rasgos comunes con los hombres de su misma estirpe, los Astor y los Vanderbilt.

Parte de los actos y actividades programados lo constituye un anónimo y voluminoso libro: *El ferrocarril de Arequipa*, de más de quinientas páginas; el tercio inicial se ocupa de los antecedentes y de las tareas de construcción del "camino de hierro"; los dos tercios restantes, de las fiestas de la inauguración: detalles, discursos, brindis, menú. La estructura de la obra indica, por sí misma, una actitud; los actos, por lo visto, exteriorizaron un júbilo desbordante.

Busquemos una explicación a este fenómeno que, de una u otra forma, se manifestaba en el resto del continente.

Las nuevas clases dirigentes habían llegado al convencimiento de que el ferrocarril constituiría uno de los pilares fundamentales del progreso; el tendido de sus líneas serviría para unificar geográficamente los Estados, fracturados, como en los casos del Perú y Colombia, por un paisaje muy desparejo de montañas, llanuras y valles, o mortificados como en los casos del Brasil y la Argentina por las desmesuradas distancias. También permitiría acrecentar y multiplicar las riquezas; y sin ser lo menos significativo desde el punto de vista social, debía tener efectos sobresalientes en otro campo: el trabajo, pues estaban o parecían estar convencidos de que ahuyentaría la pesadilla de las revoluciones; los hombres serían ganados por las actividades prácticas para lograr la prosperidad. "Ferrocarriles y telégrafos son grandes preservadores de la paz", escribía Matías Romero. Por lo demás, sobre la riqueza pública y privada tendrían efectos mágicos. Nadie pensaba en la justa o injusta distribución de la misma, ni en los efectos negativos que podía tener el nuevo medio de transporte que enriquecía determinadas regiones y empobrecía otras. Las cuestiones se planteaban en estos términos: generar riqueza, lo demás se nos daría por añadidura...

En medio de esa fiebre constructora de ferrocarriles pocos eran los que podían prestar oídos a las voces solitarias que denunciaban, en el Perú, como quien clama en el desierto, que "las tres fuentes de las súbitas fortunas eran el guano, los empréstitos y los ferrocarriles [...]". Las consecuencias de esa actividad fueron excepcionalmente importantes, ello es innegable; además tuvieron efectos multiplicadores de trascendencia. Pero al mismo tiempo consolidaron a veces estructuras sin cambios profundos, las modernizaron y aseguraron todavía más su dependencia de los grandes centros industriales extranjeros que pasaban a ser así los centros de decisión. Los sectores "modernos" de la producción agropecuaria y minera exportadora quedaban mucho más expuestos, pues se hacen vulnerables a los precios fijados fuera de sus fronteras, y cuyas fluctuaciones se tornan decisivas muchas veces para tal o cual actividad. Los valores se establecen en bolsas, mercados, despachos donde ni siquiera se habla español o portugués; los "dueños" de esas ingentes riquezas no conocen las tierras, las minas ni los hombres que las trabajan. Tienen, en cambio, títulos, cupones, réditos, contratos...

En tanto, perdura en las zonas rurales una organización tradicional, la hacienda, cuya producción comienza a especializarse y se vuelca al mercado internacional. Sobrepuestas a esta estructura las élites modernizadoras, en cierto sentido, creen estar cambiando la vida de la sociedad; para ello, en su apresuramiento, incorporarán nuevas pautas, nuevos valores, nuevos gustos, nuevos hábitos. Todo hacíase nuevo o moderno, sin advertir que en el fondo seguíamos siendo países tradicionales que, con dificultades, eludíamos ese calificativo.

Pensadores y estadistas daban cobertura ideológica a la incitante aventura. El colombiano Rafael Núñez escribía:

De la misma manera que el movimiento de independencia ocurrió simultáneamente en todas las colonias hispanoamericanas en 1810, de algunos años a esta parte, en la generalidad de ellas se ha comenzado a trabajar, con más o menos fortuna e inteligencia, en la transformación industrial que tiene por principal instrumento los bancos, los ferrocarriles. Como cada individuo necesita variar de alimentos y de costumbres, según su edad y las estaciones que atraviesa, los pueblos tienen también que modificar sus resortes vitales, con el decurso del tiempo, para no quedarse a distancia de la corriente general que determina y engendra el progreso.[40]

[40] "Laboremus", en: *La reforma política en Colombia*, 1883.

A pesar de las escasas voces opositoras, las líneas se multiplicaron febrilmente, con concesiones cada vez más desmesuradas y costosas. Faltaba mano de obra, pero nada podía arredrar a los nuevos "emancipadores", quienes con naturalidad y desenfado se comparaban a sí mismos, sin rubor ni remordimientos, con los Humboldt, los San Martín o los Bolívar. Se contrataban peones por miles; sabemos que llegaron a trabajar, en un momento dado, sólo entre extranjeros, esto es, dejando de lado los peruanos nativos, ocho mil chilenos y mil bolivianos. En los diarios de Valparaíso y Santiago aparecían anuncios solicitando hombres; si las promesas eran abundantes, los resultados fueron escasos. Para suplir la carencia de mano de obra se traerán más tarde chinos, verdaderos esclavos; su trato y las condiciones ambientales y laborales constituyen un capítulo trágico en la historia de la explotación y exterminio de ciertos grupos raciales.

La locomotora simboliza de algún modo la furia, el ímpetu modernizante de los nuevos sectores dirigentes. Pero los ferrocarriles, por extraña e imprevisible paradoja, no siempre establecen relaciones más estrechas entre regiones pobres y ricas, entre las costas y las montañas, entre las ciudades y un interior deprimido; a veces distorsionan esa geografía, consolidan nuevos centros de gravedad y sujetan las naciones a inéditas formas de dependencia de las metrópolis. Crecen, en progresión geométrica, los requerimientos de hierro y acero, carbón, puentes, repuestos, etcétera. Los trenes conducen materias primas para las industrias extranjeras y traen productos manufacturados para los pobladores del Nuevo Mundo; destruyen viejas formas de sociabilidad y estructuras económicas, sin sustituirlas necesariamente por otras mejores o más avanzadas. Además, como saldo cierto, quedaban deudas copiosas y empréstitos y garantías que, por décadas, agobiarán el tesoro de nuestros países; actuaban así como un factor adicional de venalidad, e impidieron o desalentaron, aunque parezca paradójico, el trazado de nuevas líneas con un sentido nacional realmente integrador. Si el saldo fue, en definitiva, positivo, aunque a un costo harto elevado, no por ello deben desconocerse los caracteres negativos, importantes y preñados de consecuencias. "Entusiasmo y dependencia crecieron de la mano", dice Emma Yanes Rizo[41] con referencia a los primeros ferrocarriles mexicanos.

De todas maneras el ferrocarril fue una realidad y también, un mito. De uno a otro extremo de América Latina la actitud con respecto a su trascendencia, salvo muy escasas excepciones críticas, fue poco menos que idéntica: saludado como elemento de "salvación", "avanzada civilizadora", etcétera. El "progreso", en este caso sinónimo de locomotora o ferrocarril, dejaba atrás las mulas y las carretas; nuestros países comenzaban a experimentar, como entonces se decía, "el vértigo de la velocidad".

Como llevamos señalado, la red ferroviaria no tuvo siempre los resultados beneficiosos previstos, como así tampoco constituyó un estímulo decisivo para el desarrollo de la ingeniería en los distintos países y los sectores técnicos a ellos vinculados.

Brasil, que tuvo llamativamente una legislación muy temprana en la materia (1835), sólo inauguró su primer ferrocarril el 30 de abril de 1854; nos referimos a la Compañía Imperial de Navegación a Vapor Ferrocarril de Petrópolis, cuyo concesionario Irineu Evangelista de Souza sería más tarde ennoblecido con el título de Barón de Mauá, banquero y empresario a quien se deben audaces iniciativas. Éste y otros concesionarios obtuvieron simultáneamente asombrosos privilegios: liberación de gravámenes para la

[41] *Quipu*, vol. 5, núm. 3.

importación de materiales y del carbón requeridos por las locomotoras; en algunos casos, como en México, se llegó a importar madera de Inglaterra para los durmientes o traviesos. No menos significativas fueron las adjudicaciones de vastas extensiones de tierra lindantes con las líneas férreas, lo que implicaba cuantiosas ganancias adicionales. En los contratos aparece una cláusula sugestiva: la prohibición de poseer esclavos.

En Brasil no tuvo mayor significado para el desarrollo científico y tecnológico, pues los equipos y sus repuestos se importaban; tampoco lo tuvo para el personal calificado, pues el mismo procedía fundamentalmente de la misma Inglaterra. Más aún, tampoco adquirió la importancia que tuvo en otros países, como lo recuerda Eduardo Zalduendo, pues hasta bien entrado el siglo XX el ferrocarril sólo fue un medio de transporte complementario del fluvial y costero; corroboran estas características los mapas de las últimas décadas de la pasada centuria y primeras de ésta, donde se advierte a simple vista que las líneas eran de escasa extensión y no vinculadas entre ellas.

Otro aspecto casi siempre desatendido, y que relativiza la importancia que suele atribuirse a los ferrocarriles como propagadores de una nueva actitud frente a la técnica, señala Sergio Ortiz Hernán en "La innovación ferroviaria en el México del siglo XIX",[42] cuando recoge testimonios de la primera década de esta centuria indicadores de que "en inglés se redactaban los reglamentos, circulares, órdenes de trenes, informes y documentos [...] Resultaba molesto y hasta bochornoso no escuchar ni una sola palabra de castellano en ciertas oficinas de los ferrocarriles mexicanos, en muchos talleres ni el más mínimo vestigio de nuestro idioma [...] más parecería que se encontraba uno en Nueva

---

[42] *Quipu*, vol. 3, núm. 1.

York o Chicago [...]". Es decir, el idioma se convierte en otro serio factor limitante que se suma a otros tantas veces señalados.

La valorización de las dilatadas y despobladas llanuras argentinas requería, a juicio de las generaciones modernizadoras de mediados del siglo XIX, una firme política de inmigración y colonización; además "comunicaciones" y "educación" contribuirían a favorecer el *gran salto* hacia el "progreso"; de donde aquellos dos objetivos complementarios que hizo suya la sociedad: "gobernar es poblar" y "gobernar es educar", atribuidos a Alberdi y a Sarmiento respectivamente. El ensanchamiento de las fronteras agropecuarias y el asentamiento de las incipientes poblaciones sólo serían posibles con la expansión del ferrocarril que vencía las distancias, acercaba los hombres y transportaba las mercancías. Esa misma propuesta concordaba con los intereses de los países europeos donde la Revolución Industrial reclamaba alimentos para las grandes masas que se desplazaban hacia las ciudades (y por consiguiente abandonaban el campo y la producción primaria); mas simultáneamente el proceso posibilitaba la apertura de nuevos mercados para la venta de su actividad manufacturera en aumento. Esto explica, muy simplificadamente, por cierto, el desarrollo ferroviario argentino que, si entre 1876-1880 disponía de una red con una extensión de 2.516 kilómetros de rieles, entre 1926 y 1930 alcanza los 39.570 kilómetros, con fuerte pico de crecimiento entre los prósperos años 1880-1914.

El primer tendido de rieles ya se había inaugurado el 25 de agosto de 1857 entre la Capital y los suburbios. Y hecho singular: este emprendimiento pionero fue encarado con capitales nacionales. Luego fue preciso apelar al apoyo gubernamental, para convertirse al cabo de pocas décadas en una intrincada red de concesiones extranjeras, fundamentalmente inglesas. Los inversores aportaron capitales, carbón, técnicos, etc., a cambio de muy generosas concesiones de vastas superficies de tierras fértiles, potencialmente cultivables, a ambos lados de las vías. Las estaciones, los puentes y las obras de arte llevaban la impronta de la Revolución Industrial inglesa, y en muchos casos parecían reproducciones especulares. Y de paso se aseguraban beneficios financieros y aduaneros por contratos de largo plazo que llevaban la tranquilidad y suculentos dividendos a los inversores de la City.

En bien pocos años el mapa del país había cambiado; se advertía el trazado de líneas férreas que convergían hacia los puertos litorales, sobre todo Buenos Aires, Rosario, Bahía Blanca, consolidando así la hegemonía inglesa de una economía agroexportadora. Dadas estas condiciones, Gran Bretaña se convirtió en el mejor cliente de las lanas, de los cereales, de las carnes argentinas y en el proveedor privilegiado de combustibles, equipos, repuestos, etc. El comercio y la banca se iban tiñendo con el mismo color. El trazado de la red —producto de especulaciones y negociados— no se preocupaba por favorecer la integración del territorio nacional ni mejoraba los vínculos comerciales interprovinciales; perseguían otros objetivos. De todos modos posibilitó el asentamiento en el interior del país de algunas industrias no competitivas para Inglaterra como el azúcar en Tucumán, o el vino en Cuyo. En suma, si bien a un costo social elevado, se asiste al cambio de la estructura demográfica y productiva. Además, recordemos que los talleres ferroviarios constituyeron algunas de las primeras grandes concentraciones de mano de obra industrial, si bien, como en el resto del continente, la tecnología, los equipos, el personal de dirección y las herramientas eran predominantemente europeos. Y allí se gestaron los primeros sindicatos de importancia numérica y gravitación política.

Las tempranas intuiciones de Juan Bautista Alberdi, como lo señala Félix Weinberg, registran una significativa inflexión ideológica durante su primer viaje a Europa en 1843: sus preocupaciones hasta entonces fundamentalmente políticas se irán desplazando hacia otras materias, prácticas, "positivas". Transparenta aquí Alberdi, sin duda alguna, entre otras, la influencia de Michel Chevalier (saintsimoniano y librecambista), quien preconizaba por entonces "la expansión de los medios de comercio como ferrocarriles, caminos, túneles; y asignó especialmente a los ferrocarriles un prioritario papel en el desarrollo de la civilización como se decía entonces". El perdurable interés alberdiano por la construcción de ferrocarriles —que aquí no podemos seguir en sus detalles y altibajos— se manifiesta, por ejemplo, en un libro: *La vida y los trabajos de William Wheelwright en la América del Sur* (París, Garnier, 1871; reproducido en el vol. VIII de sus *Obras Completas*) y que tuvo una pronta traducción al inglés: *The life and industrial labours of William Wheelwright in South America*, by... (Boston, William and Co., 1877).

Durante el periodo siguiente se advertirán las consecuencias mediatas e inmediatas de esta "política" ferroviaria, que durante más de un siglo gravitó sobre el desarrollo económico argentino y no siempre con rasgos positivos. Más aún: enturbió por momentos la vida política argentina.

Lo que llevamos dicho acerca de los ferrocarriles (y otro tanto podría afirmarse con relación a los puertos o a ciertas industrias en el ámbito continental) indica que todavía seguimos necesitando tanto de estudios monográficos como de otros orgánicos y abarcadores que aborden, con dimensión histórica, el significado social, económico, cultural y político del desarrollo de la ciencia y de sus aplicaciones en América Latina; sería un aporte esclarecedor para la mejor comprensión de muchos problemas contemporáneos, una forma de disipar nubarrones y de consolidar perspectivas esperanzadoras.

Es evidente que toda aquella generación suponía que los resultados de la ciencia y de la técnica se distribuirían, que los frutos beneficiarían a las grandes mayorías; "la ciencia era para todos", como por entonces se conjeturaba. Ya conocían las ventajas que para la vida cotidiana había aportado la Revolución Industrial: electricidad, telefonía, transporte ferroviario y tranviario, máquina de coser, etc.; tampoco ignoraban las pavorosas condiciones de vida generadas por aquella violenta transformación, aunque confiaban en superarlas. En el horizonte de la lámina que ilustra la tapa no se observa ninguna de estas nubes que los meteorólogos sociales denominan crisis, desocupación, monopolios, oligopolios, patentes, etc. Menos todavía se insinúan temores por ese descarrío que conocemos como tecnolatría.

Hoy, cuando el papel de la ciencia y de la técnica, reiteramos, ha crecido y sigue creciendo a un ritmo vertiginoso, no se advierte —con las excepciones que confirman la regla— un interés sostenido por desentrañar su significado social o darle el debido marco ético; por el contrario, se presta oídos a quienes sostienen la pérfida tesis de que la ciencia se opone a la vida, y debe renegarse de la primera.

Elevados y generosos fueron los ideales de aquellos hombres que construyeron trabajosamente una visión de mundo donde la ciencia desempeñaba un papel liberador. Urge hoy una reflexión profunda, menos ingenua que aquélla, sobre la trascendencia que le corresponde al quehacer científico en la reestructuración de la sociedad de mañana. Sin sus aportes y sin el reconocimiento de la responsabilidad de quienes participan en esa actividad, corremos el riesgo, el grave riesgo, de extraviarnos en el desafiante mundo que se avecina.

BIBLIOGRAFÍA

Anais do segundo Congresso Latino-Americano de História da ciência e da tecnologia (organizados por Ubiratan D'Ambrosio), San Pablo, Nova Stella, 1989.

As ciências no Brasil, 2 vols. (dirigida por Fernando de Azevedo), San Pablo, Melhoramentos, s/f. Contiene sendos capítulos dedicados a las matemáticas, astronomía, física, meteorología, geología y paleontología, mineralogía y petrografía, geografía, química, zoología, botánica, biología, psicología, economía política, antropología y sociología.

AZEVEDO, Fernando de, *A cultura brasileira. Introdução a o estudo da cultura no Brasil*, 3a. ed., 3 vols., San Pablo, Melhoramentos, En especial, "A cultura científica", t. II, pp. 131-194. (Hay una 4ª edición revisada y ampliada, Universidad de Brasilia, 1965, que no pudimos consultar.)

BABINI, José, *Historia de la ciencia en la Argentina*, Buenos Aires, Solar, 1986.

BATEMAN, Alfredo, Luis Duque Gómez y otros, *Apuntes para la historia de la ciencia en Colombia*, Bogotá, Fondo Colombiano de Investigaciones Científicas "Francisco José de Caldas", s/f.

BELTRÁN, Enrique, "Alfredo Dugès y el transformismo", en: *Quipu*, vol. 5, núm. 1.

——, "La historia de la ciencia en América Latina", en: *Quipu*, vol. 1, núm. 1.

BORBERENA B., Elsa y Carmen Block I., "Publicaciones periódicas científicas y tecnológicas mexicanas en el siglo XIX: Un proyecto de base de datos", en: *Quipu*, vol. 3, núm. 1.

CAMACHO, Horacio H., *Las ciencias naturales en la Universidad de Buenos Aires*, Buenos Aires, EUDEBA, 1971.

CHAPARRO, Fernando y Francisco R. Sagasti (comps.),*Ciencia y tecnología en Colombia*, Bogotá, Instituto Colombiano de Cultura, 1978.

CUETO, Marcos, "La historia de la ciencia y la tecnología en el Perú: una aproximación bibliográfica", en: *Quipu*, vol. 4, núm. 1.

D'AMBROSIO, Ubiratan, "A institucionalização de ciência nos séculos XIX-XX como estratégia de imperialismo cultural e de fixação do poder do Estado os estudos de Lewis Pyenson e de Harry W. Paul", en: *Quipu*, vol. 3, núm. 3.

DE ASÚA, Miguel J. C., "Influencia de la Facultad de Medicina de París sobre la de Buenos Aires", en: *Quipu*, vol. 3, núm. 1.

——, (compilación e introducción), *La ciencia en la Argentina. Perspectivas históricas*, Buenos Aires, Centro Editor de América Latina (CEAL), 1993.

DE LA VEGA, Elena Penini de, "Darwin en la Argentina", en: *Quipu*, vol. 1, núm. 1.

DOMEYKO, Ignacio, *Mis viajes. Memorias de un exiliado*, 2 tomos. Mariano Rawicz (trad.), Santiago de Chile, Universidad de Chile, 1977.

FERNÁNDEZ, Ana María, *A construção da ciencia no Brasil e a SBPC*, Universidad de Brasilia/CNPQ/ANPOCS, 1990.

FREITES, Yajaira, "La ciencia en la época del gomecismo", en: *Quipu*, vol. 4, núm. 2.

GARCÍA MORENO, Gabriel, "Mensaje al Congreso" (1871), en: *Pensamiento conservador (1815-1989)*, prólogo de José Luis Romero, compilación, notas y cronología de José Luis Romero y Luis Alberto Romero, Caracas, Biblioteca Ayacucho, 1978, vol. 31.

GODOY URZÚA, Hernán, *La cultura chilena*, Santiago de Chile, Universitaria, 1982.

GORTARI, Eli de, *La ciencia en la historia de México*, México, FCE, 1963.

GUTIÉRREZ, Juan María, *Noticias históricas sobre el origen y desarrollo de la enseñanza pública superior en Buenos Aires, desde la época de la extinción de la Compañía de Jesús en el año de 1767 hasta poco después de fundada la Universidad en 1821, con notas biográficas, datos estadísticos y documentos curiosos, inéditos o poco conocidos*, Buenos Aires, Imprenta El Siglo, 1868. Reeditado en 1877 y 1915, y en 1998: *Noticias históricas sobre el origen y desarrollo de la enseñanza pública superior en Buenos Aires. 1868*, Buenos Aires, Editorial de la Universidad Nacional de Quilmes.

Historia das ciencias no Brasil, Mário Guimarães Ferri y Shozo Motoyama (coords.), San Pablo, CNPQ/EDUSP, 1979. Son tres copiosos volúmenes que recogen 35 valiosas monografías.

Historia de la cultura venezolana, 2 vols., Caracas, Facultad de Humanidades y Educación, Universidad Central de Venezuela, 1956.

HOUSSAY, Bernardo A., *Escritos y discursos*, Ariel Barros Medina y Alejandro C. Paladini (comps.), Buenos Aires, EUDEBA, 1989.

JARAMILLO URIBE, Jaime, *El pensamiento colombiano en el siglo XIX*, 2ª ed., Temis, Bogotá, 1974.

La doctrina positivista, 2 vols. Ediciones conmemorativas del Sesquicentenario de la Independencia, Caracas, 1961 (integran, como vols. 13 y 14, la colección Pensamiento Político Venezolano del Siglo XIX).

LÁSCARIS, Constantino, *Desarrollo de las ideas en Costa Rica*, 2ª ed., actualizada, San José, Editorial Costa Rica, 1975.

LÉRTORA MENDOZA, Celina A., "Los estudios de historia de la ciencia en Argentina", en: *Quipu*, vol. 3, núm. 1.

MONTSERRAT, Marcelo, "La presencia evolucionista en el positivismo argentino", en: *Quipu*, vol. 3, núm. 1.

MORENO C., Marco A., "Algunos sucesos que dieron origen a la fundación definitiva del Observatorio Astronómico Nacional de México en 1878", en: *Quipu*, vol. 3, núm. 3.

——, "El Observatorio Astronómico Nacional y el desarrollo de la ciencia en México (1878-1910)", en: *Quipu*, vol. 5, núm. 1.

OCHOTERENA, Isaac, "La biología", en: *México y la cultura*, México, SEP, 1946.

ORIONE, Julio, "Florentino Ameghino y la influencia de Lamarck en la paleontología argentina del siglo XIX", en: *Quipu*, vol. 4, núm. 3.

OROZCO D., Fernando, "La química", en: *México y la cultura*, SEP, México, 1946.

ORTIZ HERNÁN, Sergio, "La innovación ferroviaria en el México del siglo XIX", en: *Quipu*, vol. 2, núm. 1.

PALCOS, Alberto, "Reseña histórica del pensamiento científico (1862-1930)", en: Academia Nacional de la Historia, *Historia argentina contemporánea, 1862-1930*, vol. 2: *Historia de las instituciones y la cultura*, Buenos Aires, El Ateneo, 1966.

Pensamiento positivista ecuatoriano, estudio introductorio y selección de Carlos Paladines y Samuel Guerra B., Quito, Biblioteca Básica del Pensamiento Ecuatoriano, s/f, vol. 16.

PINO ITURRIETA, Elías, *Positivismo y gomecismo*, Facultad de Humanidades y Educación, Caracas, Universidad Central de Venezuela, 1978.

PRUNA, Pedro M., "La recepción de las ideas de Darwin en Cuba, durante el siglo XIX", en: *Quipu*, vol. 1, núm. 3.

PYENSON, Lewis, *Cultural Imperialism and Exact Sciences. German Expansion Overseas, 1900-1930*, Nueva York, Peter'Lang Pub., 1985.

——, "*In partibus infidelium:* Imperialist Rivaltries and Exact Sciences in Early Twentieth-Century Argentine", en *Quipu,* vol. 1, núm. 2.

——, "Functionaries and Seekers in Latin America: Missionary Diffusion of the Exact Sciences, 1850-1930", en: *Quipu,* vol. 9, núm. 3.

SAFFORD, Frank, "Acerca de la incorporación de las ciencias naturales en la periferia: el caso de Colombia en el siglo XIX", en: *Quipu,* vol. 2, núm. 3.

——, "Orígenes de la profesión de ingeniero en Colombia", en: *Ciencia y tecnología en Colombia.*

SAGASTI, Francisco R. y Alejandro Pavez, "Ciencia y tecnología en América Latina a principios del siglo XIX: Primer Congreso Científico Panamericano", en: *Quipu,* vol. 6, núm. 2.

SALDAÑA, G., Juan José, "La ideología de la ciencia en México en el siglo XIX", en: *La ciencia moderna y el Nuevo Mundo* (edición a cargo de José Luis Peset), Madrid, Consejo de Investigaciones Científicas/Sociedad Latinoamericana de Historia de las Ciencias y de la Tecnología, 1985.

——, "Marcos conceptuales de la historia de las ciencias en Latinoamérica. Positivismo y economicismo", en: *El perfil de la ciencia en América,* Cuadernos de Quipu, núm. 1, México, 1986.

——, *Introducción a la teoría de la historia de las ciencias,* 2ª ed., México, UNAM, 1989.

SALVADOR LARA, Jorge, "García Moreno y los estudios científicos en el Ecuador", en *Apuntes para la historia de las ciencias en el Ecuador,* 2 vols., Quito, Biblioteca Ecuador, 1978, vol. 9.

SÁNCHEZ FLORES, Ramón, *Historia de la tecnología y la invención en México,* México, Fomento Cultural Banamex, 1980.

SCHWARTZMAN, Simon, *Formação da comunidade científica no Brasil,* Río de Janeiro, FINEP/Companhia Editora Nacional, 1979.

Sociedad Científica Argentina, *Evolución de las ciencias en la República Argentina,* constituida por una serie de documentadas monografías, publicadas en oportunidad del cincuentenario de la institución (1872-1922), sobre la evolución de la física, química, matemáticas, astronomía, mineralogía y geología, botánica, higiene y meteorología (aparecieron en Buenos Aires, entre los años 1923-1926). Una segunda serie, correspondiente esta vez al centenario (1923-1972), abarca: física, cibernética, genética, meteorología, oceanografía y radiopropagación, botánica, astronomía, geofísica y geodesia, química, geografía y antropología (aparecieron estas monografías en Buenos Aires, entre los años 1975 y 1988).

Sociedad Peruana de Historia de la Ciencia y la Tecnología, *Estudios de historia de la ciencia en el Perú*, vol. 1 (Ciencias Básicas y Tecnología), Lima, CONCYTEC, 1986.

SOLER, Ricaurte, *El positivismo argentino*, Buenos Aires, Paidós, 1968.

STEPAN, Nancy, *Beginnings of Brazilian Science. Oswaldo Cruz, Medical Research and Policy, 1890-1920*, Nueva York, Science History Publications, 1976. Hay traducción portuguesa: *Genese e Évolução da Ciência Brasileira. Oswaldo Cruz e a Política de Investigação Científica e Médica*, Río de Janeiro, Artenova, 1976.

TEXERA AMARAL, Yolanda, "Exploradores botánicos europeos en Venezuela durante el siglo XIX", en: *Quipu*, vol. 4, núm. 2.

TRABULSE, Elías, *Historia de la ciencia en México. Estudios y textos*, 5 vols., México, CONACYT/FCE. Para este ensayo importan sobre todo la Introducción al t. I de Elías Trabulse, y al t. IV, Siglo XIX, "La ciencia mexicana del periodo nacional", de Perla Chinchilla Pawling.

VAQUER, Antonio *et al.*, *Historia de la ingeniería en la Argentina*, Buenos Aires, EUDEBA, 1968.

Varios autores, "Historia de la ciencia en Cuba", en: *Quipu*, vol. 2, núm. 2.

——, "Historia de la ciencia en Brasil", en: *Quipu*, vol. 5, núm. 2.

WEINBERG, Gregorio, "Sobre la historia de la tradición científica", en: *Interciencia*, vol. 3, núm. 2, Caracas, mayo-abril de 1978.

——, *Modelos educativos en la historia de América Latina*, 4ª ed., Buenos Aires, UNESCO/ CEPAL/PNUD-A/Z Editora, 1995.

ZALDUENDO, Eduardo A., *Libras y rieles*, Buenos Aires, El Coloquio, 1975.

ZEA, Leopoldo, *El pensamiento latinoamericano*, 2 vols., México, Pormaca, 1965.

——, *El positivismo en México y Apogeo y decadencia del positivismo en México*, México, El Colegio de México, 1943 y 1944, respectivamente. Hay reedición, FCE, 1968.

——, (comp.), *Pensamiento positivista latinoamericano*, 2 vols., prólogo y cronología de Leopoldo Zea, Caracas, Biblioteca Ayacucho, 1980, pp. 71-72.

ÍNDICE

Se terminó de imprimir
en el mes de septiembre de 1998
en Imprenta de los Buenos Ayres,
Carlos Berg 3449, Buenos Aires,
República Argentina.

Se tiraron 2 000 ejemplares.

Sección de Obras de Historia

Otros títulos publicados:

Hugo F. Bauzá
*El mito del héroe. Morfología y
semántica de la figura heroica*

Emilio Zola
José F. de la Peña
Cervantes y la Berbería

Franklin Pease G.Y.
Las Crónicas y los Andes

Marcel Bataillon
Erasmo y España

Massimo Mastrogregori
*El manuscrito interrumpido
de Marc Bloch*